JN058120

たった
1分！

自分って何者？

誕生日から見る12タイプで
長所、強み、あなたらしさがわかる！

才能研究所 代表取締役 鈴木克彦

はじめに

何でもできる必要はない。１つできることがあれば、あなたの可能性はどんどん広がる！

アイコ

「何かやりたい」けれど、
自分の才能が何かわからない…。
自分の才能を見つけて、仕事も人生も成功させて、幸せになりたい！

鈴木

本書を手に取ってくださった皆さんも、「才能（＝自分が持って生まれた能力）」に対して、アイコさんのような悩みを抱えていらっしゃるのではないでしょうか。
その悩みを解決するために、この本を書きました。

突然ですが、「才能」とは何だと思いますか？

鈴木先生
生年月日から「才能を見つけて活かす」第一人者。
(株) 才能研究所 代表。

アイコさん
自分の才能を見つけたい、仕事も人生も成功させて幸せになりたいと願う女性。

一流のアスリートやタレントだけが持つ特別なもの？
一部の幸運な人だけが、持って生まれたもの？

私はそうは思いません。
才能とは、生まれながらにして、誰もが持ち合わせているものです。
私が代表を務める才能研究所では、こう定義しています。

> 才能とは「**無意識に繰り返される思考、感情、行動のパターンであり、何かを生み出す力**」である。

これはギャラップが定義したものです。この言葉を初めて目にした時に、私の心に雷が落ちました。「生年月日でわかるのはまさにコレだ！」と。

でも、少し難しいですね…。

そうですね（苦笑）。
もっとかみくだいて言うと、**その人が日々考える思考の癖や、持って生まれたその人の性格や価値観**ということ。

言い換えると、**「自分の頭が働くところ」**です。
自分の頭が働くところは、本人にとって**当たり前で自然なことなので、それが才能だということになかなか気づけません。**

今までの学校教育ではあまり行われていないようなのですが、自分の才能に気づいて、活かしていくことが、これからの人生をイキイキとさせていくためには、とても重要です。

例えば、私には忘れっぽいという性質があります。一般的には欠点と思われるでしょう。ですが、実はこれが私の才能の1つなのです。
私は人の相談を受ける仕事に携わっています。相談というのはネガティブだったり、困った状況だったりすることが多いもの。ですが、どんなハードな相談を受けても、私は一晩寝たら忘れます。だから、ストレスがたまりませんし、ずっと継続してハードな相談を受けられます。
覚えられないという欠点よりも、忘れるという才能を上手に活かしている典型です。

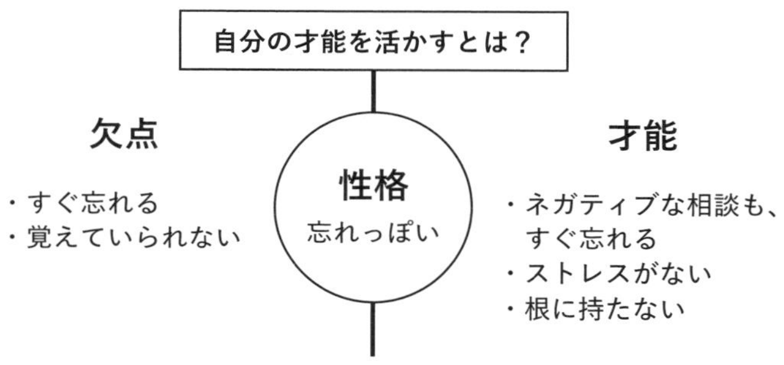

このように人より頭が働くところを、何かを生み出すところまで引っ張り出すことが、才能を活かすということです。

アイコさんは自分の才能を知って、どのような結果を得たいですか？

自分の才能で思いきり稼ぐ！　副業で成功して、本業にする！

自分に自信を持つ！　自己肯定感を上げる！

そうですよね。自分が欲しい結果を得るためには、自分の才能をまずは1つ知り、その才能を、他の人たちよりも少し上のレベルを目指していきましょう。そして、他の人たちが

マネできない領域まで持っていきましょう。
そして、誰かの役に立つことができれば、結果として稼げるようになったり、成功したり、自分に自信が持てるようになります。
要するに、**伸びるところを伸ばす「一点極楽主義」の方法**を私は推奨しています。一点極楽主義とは「1つの才能を、頭が働くところで夢中になって、楽しく極めていく」ということです。
「楽しく極める」という点がポイントです。「極める＝つらく苦しい」は古いと私は考えています。

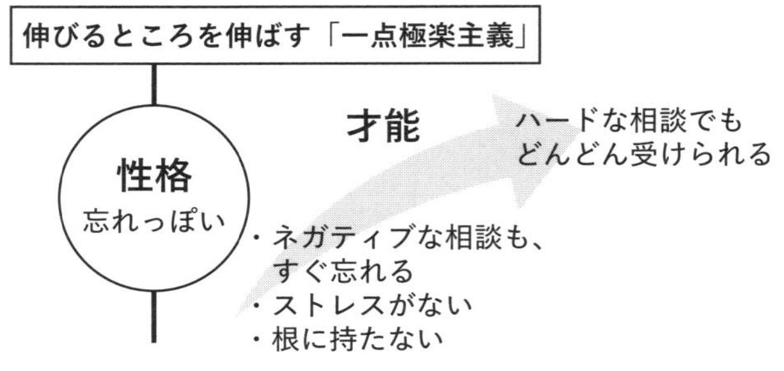

申し遅れましたが、私は、株式会社 才能研究所の代表・鈴木克彦です。
起業家の隠れた才能・経験・知識を見つけ出し、プロフェッショナル思考、マーケティング、ホスピタリティを中心に教え、売上げ平均を4.9倍にする起業家育成の専門家です。

実は元アスリートでもあり、プロバスケットボール選手として天皇杯、日本リーグで優勝、二度の日本一経験があります。また、2つのバスケットボールチームで、1年で上位リーグへの昇格を果たし、「昇格請負人」と呼ばれたこともありました。

「1人のスター選手より、全選手のパフォーマンスを10%上げるほうがチームは強くなる」と考え、「人」の研究を始めました。
心理学やコーチングを学んでいる中、生年月日の研究に出合います。統計心理学とは、成功者を生年月日という切り口から傾向を割り出して、成功する才能の活かし方をまとめたものです。
人の才能を引き出して活用できる非常に良いツールだとわ

かり、統計心理学の研究を実践で深めてきました。
さらに、世界ナンバーワンのマーケティング・コンサルタントであるジェイ・エイブラハム氏から教えを受け、ザ・リッツ・カールトン・ホテルやディズニーのホスピタリティやマネジメントをベンチマークして、プロスポーツ選手として現場で培ったノウハウを駆使して、独自の成功理論を編み出すことができたのです。一流の人たちの考え方と生年月日の理論、成功の法則は全てつながったのです。
現在は、個人事業主や中堅中小企業を中心に、コンサルティングや教育・指導を行っています。

また、2011年に福岡からスタートし、東京、大阪、熊本と広がった起業塾を運営しており、今までに300名以上の起業家を直接指導してきました。
才能を活かすことで、約75%が3年以内に売上1000万円を達成し、起業塾卒業時（1年後）の売上げ平均が対前年比4.9倍という結果を出しています。

本書では、これまでの23年間の社員研修、起業塾、コーチング現場での実践結果を踏まえて、才能の見つけ方・

活かし方をわかりやすくまとめたものです。

人は何でもできる必要はありません。そんな人はいません。また、他の人と違っていていいのです。
あなたの才能に気づいて、伸ばしていきましょう。これからは、いろいろな働き方、いろいろな才能の開き方が大事になってくる時代です。

私は、自分の才能で稼げる力を持つ人を増やし、幸福度が高くて疲弊しない社会をつくりたいと思っています。
ぜひ、本書をお読みの皆さんにも仲間になっていただき、幸せな輪を広げていきたいと願っています。

もくじ

第4章　才能を活かすヒントが見つかる！タイプ別事例集

～ちょっとしたことで、専門分野の成功者に変わった！～

人の才能は、3 グループ 12 タイプに分かれます。
この章では、どんなタイプがあるのかをご説明します。

第1章

1分で判定！
あなたの才能まるわかり

生年月日は、大事な要素。
実は、才能がまるわかりなのです

自分の才能を知るのにはさまざまな方法がありますが、才能研究所では統計心理学を使っています。

理由は、私は20年以上にわたり才能について研究してきましたが、これ以上のものが見つからなかったからです。

統計心理学とは、**生年月日によってわかる「生まれ持った価値観」と「行動パターン」**です。

生年月日と聞くと「なーんだ、占いか」と思う方もいらっしゃるかもしれません。無理もありません。

ですが、違います。

占いのような運命学ではなく、また、先天的な個性や特徴を単にまとめたものでもありません。

統計心理学は、成功者の研究から統計的に生まれました。

成功者の生年月日から傾向を割り出して、成功する才能の活かし方をまとめたものです。

成功者のタイプは全部で12タイプ。どのタイプも成功す

る時と失敗する時に、共通する傾向がありました。そして、成功するためのコミュニケーション学、性格学として研究されてきたのが統計心理学です。

生年月日だけなのに、ここまでわかるとは本当に不思議だと思われるでしょう。

私たちも科学的な根拠を探しましたが、残念ながら、まだ統計的な傾向性以外の答えは見つかっていません。

ただ、生年月日というのは母親のお腹に宿った日ではなく、母親のお腹から出てきた日です。つまり、羊水の中で水中動物だったものが、肺呼吸する陸上動物に変化した劇的な瞬間の日です。この瞬間は生物学的に見て非常に重要なターニングポイントだと言われています。

地球上の生命体というのは全て宇宙の影響を受けているので、そういったことが関連しているのかもしれませんね。

本書では「なぜ生年月日で？」ということに理由を求めすぎることなく、生年月日という切り口からわかった「才能の活かし方」に的を絞って解説していきたいと思います。

【才能の３グループ】12タイプは、大きく次の３つのグループに分類されます。

人柄重視グループ

◉人と人との輪を大切にする

自分の手が届く範囲の人とはできる限りケンカや競争をせずに、共に助け合いながら生きていきたいと考えています。人の輪を乱す人が出てくると排除したくなる強い面を見せます。自分の輪を乱さないように、自然と気を配るのが上手です。

◉「人として」を大切にする

社会の中で生きていくために、１人ひとりの価値観や気持ちを大切にしていきたいと思っています。また、人の煩悩とか欲求についても正直に言ってくれる人には寛容です。その反面で、モラルに欠ける人を嫌う傾向があります。

◉目に見えないものを大切にして

最終的にはいい人、人格者を目指していきます。

信用・人脈・情報といった目に見えないものを大切にしま

す。そして安全性や原理・理念・ポリシーを大切にして、人間関係、自分の人柄、こだわりで成功していきたいと思っています。ちょっとくらいうまくいったからといって嫌な奴になったら意味がないと考えます。

◉意思決定において、相手の人柄を重視する

例えば、買い物をする際に店員の態度が悪いと購買意欲をなくしてしまいます。

同じ買うなら、感じの良い人から買いたいと思います。

◉特徴

「なぜ？　なに？　どうして？」が強く、全てにおいて理由が知りたい。

そのため、突き詰めて研究すること、これから多くの人に必要になる新しい方向性を見出すことが得意です。

結果重視グループ

◉「ペース」を乱されたくない

自分の目的・目標に向かって一直線に進んでいきたいと考えています。目標に向かって集中している時にペースを乱されると、カチン！　ときます。人から干渉されない自分の時間、自分のスペース、自分の財布が欲しい人です。

◉常に目的（夢や目標）ありき、
結果ありきで考える

最終的に、自分の描いた夢や目標を実現でき、世の中に役立つ人を目指します。人の役に立つためにはまず自分が力を付けなくてはと思って、結果が出るまで頑張ります。結果が出ないことには頑張った意味がないと考える傾向があります。自立心旺盛です。

◉実力・お金が必要で、
結果とタイミングを大事にする

けっしてお金が好きとかそういうことではありません。自分の頑張った対価が、万人に共通の価値であるお金とか時間というのがわかりやすいのです。また、結果を出した時に褒めてほしいので、人のことも結果が出た時にしか褒めない傾向があります。

◉意思決定において、効率性・実質・中身を最重視する

例えば、買い物をする際にコストパフォーマンス、タイムパフォーマンスを重視します。

同じ買うなら、安くてお得なところから買いたいと思います。

◉特徴

無駄を嫌います。**決めた目標に対しては、一直線に進んでいきたいという傾向があります。**

そのため、無駄を省いて効率性・生産性・収益性を追求する分野に適性があり、それが強みです。

直感重視グループ

●ピン！　ときたら即行動

直感やヒラメキ、感性で生きていきたい人です。また人生は「今」の連続だと考えているので、ピン！　ときた時に全力で動きたいと思っています。そして、今できることを全力でやっておくことが後悔しない生き方だと思う傾向があります。

●臨機応変の対応や、
のみ込みの早さと決断力で成功したい

何か行動を起こす時に一応計画は立てますが、「目安」程度で、状況に応じながら変更していくことこそが自分の持ち味だと思っています。どういう流れで今の現状になったのか、のみ込みが早く、決断も早い。そして行動までが早いのが特徴です。

●最終的に周りから一目置かれる大物を目指す

決められたことだけをするのは苦手です。ですから、目標を与えられてもコンスタントに結果を出すことに必死になることはありません。ですが、時々大きな可能性を見つけて臨機応変に行動し、結果を出すことがあります。周りから一目置かれるとさらに大きな結果を目指して頑張ります。

◉意思決定において、ピン！　ときたら即行動。
直感やひらめきを大切にする

例えば、同じ買うなら、手っ取り早くて安心なところから買いたいと思います。

買ったモノのマニュアルとかは読まないので、同じ買うなら面倒見が良い人から買いたいと思います。

◉特徴

可能性を追求し、先へ先へと考えながら、手っ取り早く夢を実現したいと考えます。

人をうまく使って、合理化・組織化・多角化し、展開する分野に適性があり、それが強みです。

3グループが4種類に分かれる
～才能の12タイプ～

人柄重視グループ

段取りさん
（012）

客観視さん
（025）

自然体さん
（108）

本物志向さん
（789）

結果重視グループ

機転さん
（919）

計画さん
（125）

我が道さん
（001）

バランスさん
（555）

直感重視グループ

チャレンジさん
（888）

専門家さん
（024）

自由さん
（000）

カンペキさん
（100）

※この章は、1人（アイコさん）の例を出して、会話形式で進んでいきます。
その例を参考にして、あなた自身に当てはめながらワークをしてみてください。

生年月日からあなたの才能を知り、質問を繰り返しながら、才能を深掘りしていきましょう。1人でじっくり深掘りしてもよいですし、友人とワイワイ話しながら、才能を掘り起こしていってもかまいません。まじめに考えすぎず、肩の力を抜いて、楽しく行っていくのがコツです。ご自身のタイプを知った後に、第4章の事例を読むと効果的です。

第2章

たった2ステップ！才能発見ワーク

あなたのタイプはどれ？

さて、アイコさんは自分がどのタイプの成功者に当てはまるか知りたいと思いませんか？

知りたいです！

そうですよね。
では、下のサイトにアクセスして、生年月日を入力し、「check」ボタンを押してみてください。
あなたの才能がわかります。

https://toukeishinrigaku.com/shindan1/

私の場合は、012　と　789　と書かれています！

はい。サイトには、3ケタの数字が２種類書かれていますよね。
1つ目の数字はアイコさんのインサイド（内面・本音）の才能です。
２つ目の数字はアイコさんのアウトサイド（外見・建前）の才能の番号です。
インサイドは、自分の意思決定・決断の際に出てくる一面です。アウトサイドは、人の前で出す顔で、第一印象で出てくる一面です。

私の場合は、012 がインサイドで、789 がアウトサイドですね。

そうです！
これは後ほど使いますから、番号をどこかに控えておいてください。

わかりました！

ステップ 1

［気づく］
自分自身の価値観を知る

では、自分の才能を知り、活かしていきましょう。それには、2つのステップを踏んでいきます。

ステップ 1　**才能に気づく**
ステップ 2　**才能を活かす**

この２つです。

まず、才能に気づくことからなんですね！

はい。その通り！　才能に気づけないと、才能を活かすことができないのです。
ステップ1の「才能に気づく」では、「才能発見シート」を使って、自分自身の価値観を知っていきます。

この時に、さっきの番号が必要なのでしょうか。

思い出してくれましたか。そう、あの番号です！
次に、ステップ2の「才能を活かす」では、「才能活用シート」を使って、自問自答してみましょう。

自問自答ですかぁ…。自分でちゃんと答えが出せるか心配です。

そうですよね。
1人では答えが出せなさそうな人は、お友達や仲間を誘って、お互いに質問し合うのがお勧めです。
他者の視点があると、自分を客観視できますし、新たな自分を知ることができるので、とてもいいのです。
私の塾でも、皆さん、「あの人、やっぱり○○○番か！」「だったら、こういうこと得意じゃない？」などワイワイと話しながら、新たな可能性に気づいています。どんな風に才能を活かせそうかということを、みんなで考えていっているのです。

わー、面白そうですね！

自分の才能の「本音」と「建前」を確認しよう

まずは、ステップ1から始めましょう。
アイコさんの才能タイプは何番でしたか？　インサイド、アウトサイドの両方の番号を使います。

私はインサイドが 012 で、アウトサイドが 789 でした。

そうでしたか。それでは、実例をもとに説明をしていきます。
これから以下の2つを行ってください。

①自分のインサイド（本音）とアウトサイド（建前）の才能タイプを、39 ～ 50 ページにある「才能発見シート」から探します。
各才能タイプにはそれぞれ７つの要素があるので、計 14 個です。

② 14 個の要素の中から、「まさに自分のことだ」と思ったトップ２の要素を選びます。

アイコさんの場合はインサイドが012、アウトサイドが789ですから、次の14個の要素があがります。

012

- □時代の変化を先取りする
- □新鮮さを求めていく
- □新しいものを取り入れていく
- □みんなを公平に考えながらリードしていく
- □いいスタートを切るために段取りをする
- □いくつになっても若い感覚を取り入れていく
- □スマートな立ち居振る舞いをする

789

- □経験実績を重んじる
- □審美眼（人を見る目がある）
- □追い込まれると体を張って頑張る
- □こだわる力
- □自信があることほど厳しく自分を追い込む
- □未知の話の真偽を確かめたい（本物を見抜く）
- □本物志向

※インサイドとアウトサイドが同じタイプの方が12人に1人の確率でいます。その方は14個の才能ではなく、7つの才能しかありませんが、決して劣っているわけではありません。

14個の才能の要素から
トップ2を選んでみよう

この14個の中から、「まさに自分のことだ」と思える要素トップ2を選びます。

わぁ。どれかな？　私の場合は、トップ1は『新しいものを取り入れていく』、トップ2が『こだわる力』です！

いいですね！　では、本を読んでいる皆さんも、やってみましょう。

32ページでサイトにアクセスして、生年月日を入力し、「check」ボタンを押してみてください。2つの才能がわかりましたね。その2つの才能を39〜50ページの中から探して、読んでみてください。そしてトップ2を選びましょう。この14個が自分に当てはまっていなくても問題はありません。この14個に意識を向けていると、「これが私の才能なのかも」とある時、気づいたりします。

ステップ１

人柄重視グループ　段取りさん (012)の才能発見シート

□**時代の変化を先取りする**
これから世の中の人が求めそうな、いわゆる「流行りそうなもの」を見極めて行動していく力

□**新鮮さを求めていく**
常に新しい情報にアンテナが立っていて、雑誌やインターネットの情報から「新しい」鮮度の高い情報を見分ける力

□**新しいものを取り入れていく**
新しい興味がある情報を入手すると、あれこれ周りの人の目を気にすることなく行動する力

□**みんなを公平に考えながらリードしていく**
みんなの意見を公平に聞いていき、「みんなのためにどうしたらいいのか」を考え行動したくなる力

□**いいスタートを切るために段取りをする**
スタートダッシュで波に乗っていきたいので、本当にやってみたいことは用意周到に段取りをする力

□**いくつになっても若い感覚を取り入れていく**
いくつになっても「新しいもの」に興味があり、若い人の意見を聞き入れる感度の良さを持つ力

□**スマートな立ち居振る舞いをする**
人前で恥をかくのを嫌うので、いつもスマートにその場に合った立ち居振る舞いをしたいと思う力

☞ 110 ～ 118 ページの段取りさん（012）の事例をチェックしよう！

ステップ 1

人柄重視グループ　客観視さん(025)の才能発見シート

□**客観的視点**

自分の言動を客観的に見ている「もうひとりの自分」という視点を持っている。自分のことでも客観的に見る力

□**人に気を遣うのがうまい**

人の話を聞きながらその人の好みを知ろうとし、その人が気分を害さいないように配慮する力

□**情報収集力**

常に広く情報のアンテナを立てているが、わからないことは自分で調べて自分の中で辻褄が合うまで調べる力

□**危険を予知したシミュレーション**

情報を集めながら、自分の周囲の人が困らないように危険性がないか予め考え、危険にあわないように考える力

□**コミュニティ力**

人のコミュニティの中だと気を使うが、自分を頼りにしてくれる人が集まってくると使命感に変わる力

□**日々向上・成長しようとする**

昨日より今日、今日より明日と日々成長していきたいので、情報収集や学ぶことを止めない力

□**なぜ？　なに？　どうして？　理由を理解する**

疑問があるうちはなかなか「わかった」とは思わない。さまざまな角度から深く理解しようとする力

☞ 119 ～ 126 ページの客観視さん（025）の事例をチェックしよう！

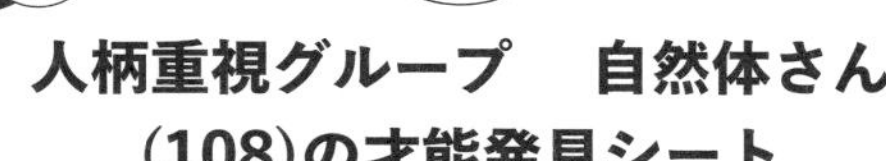

ステップ 1

人柄重視グループ　自然体さん(108)の才能発見シート

□**自然体**
緊張感の中にいると頭が働かなくなるが、緊張感がなく自然体で気を使わない環境に身を置くと、頭が働き出す力

□**本質を見極める目**
何かをするに当たって、欠くことができない最も大事な要素を見つけようとする力

□**問題点を修正する**
自分のことには大雑把でも、人のやっていることには細かなところまで気がつき、修正する方法を見つけ出す力

□**安心安全の環境**
不安になると安心安全の環境を手に入れるために急速に頭のスイッチが入り、どうしたら環境が良くなるかを考える力

□**きめ細かい着眼点**
自分の心に余裕が出てくると、今よりも少しでも良くするために本質を外すことなく、きめ細やかなことに気づく力

□**データを頼りに状況判断をしていく**
本質的な考え方を持つ専門家の意見やデータなどから、判断・決断する力

□**これから進むべき方向性を見極める**
これから自分が進むべき道よりも、本質を捉え業界や社会が進むべき道という大きな視野のほうに頭が働く力

☞ 127 ～ 130 ページの自然体さん（108）の事例をチェックしよう！

ステップ 1

人柄重視グループ 本物志向さん(789)の才能発見シート

□**経験実績を重んじる**

その人のこだわりや経験実績を聞き、その分野の本物だとわかると、疑うことなく効率的に頭が働く力

□**審美眼(人を見る目がある)**

誰から教わることなく、「この人は本物かどうか?」や、自分が信じられる人と信じられない人を見極める力

□**追い込まれると体を張って頑張る**

自分から出しゃばっていくことはあまりないが、いざ自分の出番が来た時にはとことんまで頑張る力

□**こだわる力**

1つの物事に対する大切なことをたくさん心に持っており、全てを大切にしていく力

□**自信があることほど厳しく自分を追い込む**

人前でこだわりを話せば話すほど、話が大きくなる。言ったこととやっていることが違わないようにやりきろうとする力

□**未知の話の真偽を確かめたい(本物を見抜く)**

元々人の話を鵜呑みにするタイプではない。知らない話は間違いがないかを十分に確かめながら話を聞く力

□**本物志向**

単なる人マネとかではもの足らず、経験実績のある人の言うことを忠実に守り、本物に少しでも近づこうとする力

☞ 131 ～ 134 ページの本物志向さん（789）の事例をチェックしよう！

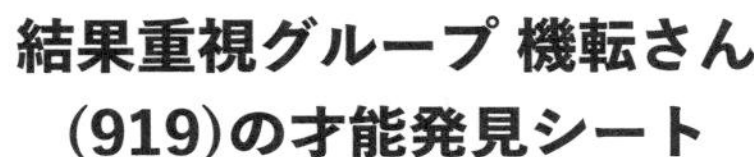

結果重視グループ 機転さん(919)の才能発見シート

□短期決戦

計画は長くて３年、３年よりも１年、１年よりも３カ月、３カ月よりも１カ月。計画は短ければ短いほど頭が働く力

□即断即決、実益思考

目的を果たすために、現実の利益を重要視する。現実的な損得や効率を考えて、即断即決する力

□相互利益主義Win-Win

自分の利益追求だけでなく、自分と相手の利益を考え双方に利益をもたらすように考える力

□開拓精神

「やってみたい」と思ったことには、たとえ未知の領域でもひるまず率先して物事に取り組む力

□Give＆Takeの駆け引き

相手の話を聞きながら、必要な時には与え他者との関係を深めながらも、得たいものを引き出す交渉力

□今すぐ結果を出す方法を考える

局面を読み目の前の課題をクリアし、即効性のあるやり方を見つけ短期間で成果を引き出すために改良していく力

□時間的効率を考える

時間の無駄を嫌い、やるべきことをいかに効率的にやるかと、いかに集中していくかを考える力

☞ 135 ～ 138 ページの機転さん（919）の事例をチェックしよう！

ステップ 1

結果重視グループ　計画さん(125)の才能発見シート

□**長期的戦略**

目の前のメリットより長い目で見て考えたい。自分が描いた理想をたとえ時間がかかったとしても叶えていく力

□**最後に勝つ、帳尻を合わせられる**

スタートはゆっくりでも自分が決めた最終ゴールでは勝ちたいと思っていて、最後は帳尻を合わせてくる力

□**疑い深い（見たものしか信じない用心深さ）**

一度見たり聞いたりした情報でも、実際に自分で確かめたり、体験したものしか信じない用心深さが信用につながる力

□**健康管理**

長く生きることを前提にしており、健康の意識は生まれながらに持っている。体に合うものを見極めていく力

□**夢やロマンを持つ**

長い期間かけて取り組める大きなことに頭が働く。夢やロマンを持ちながら自分のペースで夢に近づいていける力

□**矛盾に目が行く**

夢や目標に対して現実はどうなのかがわかると、思ったようにできていないのは何かを見つける力

□**情報を活用するのがうまい**

自分の持っている知識と情報を組み合わせて、これからどうしていったらいいのかを創造する力

☞ 139 ～ 148 ページの計画さん（125）の事例をチェックしよう！

ステップ 1

結果重視グループ　我が道さん(001)の才能発見シート

□人と同じようにしようとは思わない

人と違うことをしてみたいという好奇心を持っている。オンリーワンでナンバーワンを目指したいという力

□戦略的に考える

基本的に考えることが好き。特に未来に向かって目標を持ち、既成概念にとらわれずに計画を考えていく力

□近い将来を見通す洞察力

３～５年くらい先の近未来に頭が働く。特に自分ができることでどんな可能性が生まれてくるのかを創造する力

□今あるものにひとひねり加える

楽をしたいなら言われたことしかやらないが、やりたいことには「自分がやるからにはひとひねりしたい」と思う力

□報告を聞いて段階的に計画を見直し、修正する

人から報告を聞くとより良くするために頭を使う。そのためには何度でも計画を変更するがストレスにならない力

□理論的思考

勘や思いつきでの発言をあまり好まない。物事を体系的に整理したり、道理に沿って筋道を立てて考える力

□やりたいことは自分で決める

自主性が強く人にはできないことをしてみたいと考える。理論的思考で納得できることだけで進めていく力

☞149～156ページの我が道さん（001）の事例をチェックしよう！

ステップ 1

結果重視グループ　バランスさん(555)の才能発見シート

□**バランス感覚**

バランスが悪いのが嫌で、何事においても少しずつ調整しバランスよく物事を進めていく力

□**全体像を把握する**

全体像を把握して何を中心に考えたらいいのかがわかると頭が働き出し、自ら計画を立て、行動する力

□**自由・平等・博愛**

目上の人に対しても、目下の人に対しても「人は人」という考え方を持ち、差別せず同じように接しようとする力

□**何でもそこそこは形にできる**

最終ゴールと全体像を把握し、何を中心に組み立てたらいいのかが理解できたら大概のことは形にできる力

□**自分のペースを守る**

何事も要領がわかるまではゆっくり進め、要領を掴むと期限までに徐々にペースを上げて進む力

□**大きなことを考えたほうが頭が働く**

小さなことはバランスをとるのが難しい。大きなことを考えるほうがバランスはとりやすく、頭が働き出す力

□**「なんとかなる」と悠然としている**

何事も「なんとかなる」と思って諦めることは少ない。それが「なんとかする」に変わった瞬間から行動する力

☞157～165ページのバランスさん（555）の事例をチェックしよう！

ステップ１

直感重視グループ　チャレンジさん（888）の才能発見シート

□**可能性追求**
やってみないことにはわからない。もっとできることはないか？　とやってみたいことを見つけていく力

□**一度決めたことはできるまで何回でもチャレンジする**
成功のために失敗は付きもの。やりたいことはできるまで、または諦めずに何度でもチャレンジする力

□**白か黒かはっきりした考え方**
敵か味方か、白か黒か、何事にも自分の立ち位置や考え方をはっきりさせて表現する力

□**世界的感覚の行動力**
一度海外に出たら、国境という概念がなくなるくらい世界を身近に感じ、行動できる。世界的感覚で考える力

□**推理力**
すでにわかっている事柄をもとに、考えの筋道（理）をたどって、またわかっていない事柄を推測する力

□**人が手をつけていないニッチを見つける**
まだ人が手をつけていない「隙間」を見つけ、経験のないことでも可能性を追求していきながら一人勝ちしていく力

□**数字を活用して意思決定していく**
状況によって変わる人の心よりも、現実を正しく映す「数字」をうまく読み解き判断していく力

☞166～173ページのチャレンジさん（888）の事例をチェックしよう！

ステップ 1

直感重視グループ　専門家さん(024)の才能発見シート

□今日のことは今日中に終わらせたい

明日、何があるかわからないので、今日のことは今日中に終わらせておきたい。そのために頑張る力

□職人思考・プロ志向

趣味で始めたことでも次第にやることが凝っていき、教えなくてもいつの間にか職人やプロのようになっていく力

□口先よりもまず実践

口で説明しなくても「見ればわかるでしょ」と思われるくらい実践を重ねて力を付けていく力

□根回しがうまい

ある目的を実現しやすいように、関係する人たちに予め話をつけていきながら物事を進める力

□やりながら人の良いところを吸収する

どんな環境でも、やりたいことは人のやり方を見て自分の中でかみくだき、吸収し自分の物にしてしまう力

□腕前・技術力で勝負する

技術力に裏付けられた自分の価値を武器に、できればライバルに差をつけられると考え実行する力

□問題点を見つけて工夫・改善する

今の問題を見つけてどうしたらより良くなるのか創意工夫をしながら、他ではマネできない領域まで仕上げていく力

☞ 174 ～ 180 ページの専門家さん（024）の事例をチェックしよう！

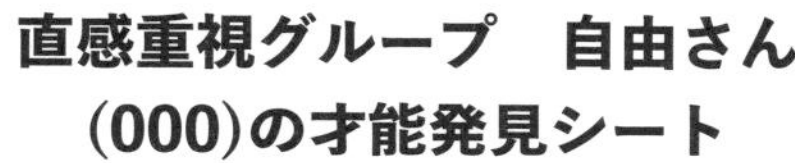

ステップ 1

直感重視グループ　自由さん
(000)の才能発見シート

□束縛されず自由にやりたい

制限をつけられることを嫌い、自由な発想でどこまでできるか可能性を広げていくことを考える力

□無から有を生むアイデア力

常識的な中にも既成概念にはとらわれずに、無から有を生む自由な発想の中で創意工夫していく力

□直感力

瞬間的に今、目の前にある物事の特質や関連性，問題の意味や重要性を認知・理解する感覚的な力

□目を見ながら人の心理を読む

人の目の動きを見ながら、自信があるのかないのか、嘘か本当かなどを見抜き対応していく力

□複数の問題点を見抜く

どんな問題に直面しても、複数の問題が重なり合っていて、どの順番で解決していったらいいのかを見抜く力

□変化に応じて創意工夫する

どんな環境に対しても、どんな物事に対してでも変化を好み臨機応変に対応し創意工夫をしていく力

□どんな仕事にもやりがいを見つける

どんな職場環境においても、そこに関わる人の能力を見極め、自分の役割を見つけ、やりがいにつなげていく力

☞181 ～ 190 ページの自由さん（000）の事例をチェックしよう！

ステップ 1

直感重視グループ　カンペキさん (100)の才能発見シート

□**100点満点を目指す**

今はまだできていなくても、自分の限界を低く見積もらずに最初から高いレベルを目指すことができる力

□**完璧主義(妥協したくない)**

どうせやるなら、とことん完璧になるまでやりたい。人に言われなくても妥協せずにやり抜く力

□**面倒見良く人を育てる**

いつでも時間をつくって話を聞こうとし、相手の気持ちを察しながら次に必要なものを先回りして教えていく力

□**厳しい状況下でも弱音を吐かない**

100 点満点を取るための意志が強く、小さなことでブツブツ文句を言わずやり抜こうとする力

□**礼儀・礼節を重んじる**

相手に敬意を持って接し、礼儀作法や節度を尊重する。相手を大切にする付き合い方ができる力

□**さらに良くするために付加価値を加える**

常に手を抜かず全力で物事に取り組む中で、今までに気づかなかった価値と使い方に気づいていく力

□**力量を付けるために努力を惜しまない**

「まだまだできることがあるはず」と自分の力を付けることに努力を惜しまず、いつまでも真摯に努力していく力

☞ 191 ～ 194 ページのカンペキさん（100）の事例をチェックしよう！

選んだ２つの要素が、あなたが大事にしている価値観！

さて、アイコさんの「まさに自分のことだ」と思えるトップ２の要素が何か、わかりましたか？

トップ1は『新しいものを取り入れていく』、トップ２が『こだわる力』でしたが、これは何なのですか？

実はそれは、あなたが人生で大切にしている価値観です。

価値観！　そういえば、そうかも。
新しいことに取り組む時、とてもワクワクします。それと、小学校の成績表にいつも「粘り強い」と書かれていました。

そうでしたか！　アイコさんのその価値観は自分にとっては重要かもしれませんが、他の人から見ると、それほどでもなかったりします。
あなたの「新しいものを取り入れていく」ことに、何も興味

がない方もいるのですよ。

確かにそうです！　もしかして、これが才能でしょうか？

はい、これがアイコさんの才能です。
もし「当てはまらない」と思ったとしても、心配しなくて大丈夫です。その才能を日常で意識して生活する中で、後から気づくこともあります。

さて、皆さんも自分の才能に気づけたでしょうか？　気づけない場合は、友人や仲間に聞いてみるとよいと思います。

この先の質問も、会話の例を参考にして自分自身に当てはめながら答えてみてください。

ステップ 2

［活かす］
気づいた才能を深掘りしていく

アイコさんの才能がわかりましたね。
では、いよいよ本番。
才能を活用するために、さらに深掘りをしていきましょう。
次の質問に答えてみてください。

ステップ 2　**才能活用シート質問　1－A**

あなたのトップ２の要素は、今までの、どんな結果や成功につながっていますか？
どんな小さな成功体験でもかまいません。

あなたの成功体験は何ですか？

ここから先は鈴木先生とアイコさんとの「生の会話」を公開していきます。このやり取りを通して、アイコさんは3分で自分の才能の活かし方にたどり着けました。

結果や成功…。成功体験ですかぁ。ないかもしれません。

そうですか。「成功体験なんてないです」という方も多くいらっしゃいます。
ですが、小さな成功体験は必ずあると思います。

もしかして、自分を小さく見積もっていませんか？
例えば、中学校の部活でいちばんうまいと言われたが、試合には勝てなかった。試合に勝ってないから、成功体験ではないと思い込んでいるなど。
ですが、よく考えてください。学校の部活で1番ということは、学校で1番ということです。
学校で1番を取れたということは、その学校でこの分野が1

番うまいということ。それは、数学で学校一を取ることと同じことです。
そういうものでいいのです。

学校で1番だった体験ですね！　そのくらいならありそうです。

そうでしょう。
大事なのは、「なぜ、1番を取るまでできたのか？」ということを考えること。意外にそういう小さいことを見逃しているものです。

そういえば、小学校５年生の時、百人一首を100首全部覚えるという課題がありました。覚え終わった後、クラスでカルタ取りをしたら、すごくはまったんです。

ふむふむ。それで、アイコさんはどうしましたか？

カルタ取りの腕がクラスで1番になり、もっと楽しみたいと思い、カルタクラブを立ち上げて部長になりました。

それは成功体験ですね！
「新しいことをスピーディに立ち上げる」「のめり込む（集中力がある）」がアイコさんの才能です。

あっ、確かにそうです！

トップ１の『新しいものを取り入れていく』、トップ２の『こだわる力』に近い内容ですよね。
今の仕事とも関係していませんか？

そうそう。現在は、仕事で本の編集に携わっています。

ということは、1人の読者にのめり込んで、プロジェクトを立ち上げてつくりあげるという能力を活かしているのではないですか？

なるほど！　まさにそうです！

このような視点で才能を拾っていき、自分や他人が承認していくとよいのです。

自分の才能に気づくことにより自信が出ますし、今後、よりそういった才能を活かそうというアンテナが立ち、新しい行動を始めるからです。

本当にそうですね！　でも、成功体験がない場合はどうすればいいですか？

成功体験がなければ、人と違うことをやっていた経験でもよいです。他の人にはわかってもらえていなかったが、自分だけが気づいてやっていたということです。

わかってもらえていない場合、評価されていない、大したことがないと本人が思い込んでいることがあります。ですが、他の人たちがやらない、すごいことを見つけるというのは能力。例えば、ビジネスなら、人が気づいていないことを見つけられるのは才能で、一人勝ちできるビジネスモデルがつくれたりします。

あなたの失敗体験は何ですか？

またば、こんな質問をしてみてください。

ステップ 2　才能活用シート　質問　1－B

あなたの失敗体験にはどんなことがありますか？
その失敗体験の後、どんな風に頑張りましたか？

うーむ、失敗体験ですか！

そうです。なぜ失敗体験を聞くかというと、**失敗体験の後は意外に頑張る人が多いからです。自分が本気になるポイントだったりもします。**
「このままではヤバイ！」と思って、一生懸命リカバリーしようとするからです。
こういう時、言われたことをやるのではなくて、自分の性格、才能で状況を判断して行動することが多いのです。本人のエネルギーが湧き出ていますし、記憶に残っているものです。

確かに！　私の場合。就職時に失敗をしました。
就職活動を始めるのが遅く、出版業界に興味があったのに、十分な準備をしてこなかったのです。出版社は全部落ちて、一般企業の事務職に就きました。大きな失敗感がありましたが、1年半後に転職して、ある会社の編集部に入りました。

そうですか。段取りさん（012）のアイコさんは段取りしないとダメなタイプです。スタートダッシュを決めたいので、段取りがきちんとしていないと、出遅れた感を感じヤル気が起きないのです。
つまり、準備がうまくいっておらず、出だしにつまずくとダメ。

本当にそうです！　準備で気が乗らないと、負けた感があって気が乗らないんです。「もう少しこれをやっておけばよかったのに」という気持ちでいっぱいになってしまって…。

そう。こんな風に、失敗体験から自分の才能がわかるのです。
反対に、いち早く新しいことを始めるのが好きなので、時代を先取りした発想を思いつき、その発想を躊躇せずに実践して、競合を振りきって走りきることができます。そこを活かしたらいいんです。

なるほど！　先ほどのカルタクラブの立ち上げにも通じますね！

そうそう、そうなんです。
私は、正しいことを言って失敗していたタイプです。
20代の頃、日本一のバスケットボールチームでやっていたことを、他のチームに行った時に、「これが正しいやり方です」と遠慮なく言ってしまいました。
チームの状況には興味がなく、関わる人の事情や立場を考えなかったのです。正しいことを言ったことにより、相手が傷つき、うまくいきませんでした。
正しいことを言うのが正しいわけではないと気づき、それ以来、相手をよく見るようになりました。
その人にとってどういうものがよく、どういうものが悪いのか？　と考え、その人の立場を配慮するようにしたら、うまくいくようになりました。
私には、人の目を見ながら人の心理を読むという能力があり、1人ひとり対応の仕方を変えることができます。その能力を活かせばいいとわかったのです。
失敗体験から、新しい能力に気づくことがあるのです。

失敗体験も、貴重な経験ですね。

失敗はいいことなんですよ。
失敗すると、また同じことを繰り返すのではないかと思ってしまいますが、失敗した時に人は学びます。そこで得られる内容が、その人の価値観によって違うのです。
リカバリーしようとする時は、すごく集中します。その時に、自分の価値観が思いっきり出るのです。

ぶつかったところに 才能がかくれているかも？

失敗体験のない方は、次の質問をしてみましょう。

ステップ２　才能活用シート　質問　１－Ｃ

仕事の時、または遊びの時に、誰かとぶつかり合った経験はありませんか？
相手と価値観が合わなかった、意見が合わずに争ったことなどです。
その時、あなたはどんなことを大切に思っていましたか？

人と意見がぶつかった経験からも、わかるのですね。

人と人とがぶつかり合った時というのは、お互いの価値観と価値観がぶつかった時。ぶつかり合って、「アイツとは合わなかった」と終わらせるのではなく、「相手は何を大事にしていたんだろう?」「自分は何を大事にしていたんだろう?」と考えてほしいのです。

「こういう人とぶつかった時、こういうことを意識していたな」と考え始めた時、その価値観や大事にしたいことこそが才能なのです。

その時点では、才能の芽が出だしている状態。まだ何かにつながってはいません。ですが、意識することで、どんどんつながってきます。

私は話し合いのコミュニケーションが大事だと気づきました。というのは、ある仕事で、話し合いはできるだけ排除するという方に会い、私が話し合うことを重要視していたことがわかった経験があるからです。

いいですね。そのように、意見が違っていることがあると、自分の才能に気づきます。
アイコさんの場合は、話し合うことで、チームの統制をとり、人間関係を調整するのが得意なのです。
これら質問1のＡＢＣのどれか1つに答え、自分のことが深掘りできるとよいでしょう。

自分の才能を自由に活かせるとしたらどうする？

では、次は質問2に答えてみてください。

ステップ 2　才能活用シート　質問　2

あなたの才能を活かすために、あらゆる環境をつくれるとします。
親や家族、会社などの制限が一切ない、自由な状態です。
もし、そうであれば、どんな人生が見えてきますか？
どんな夢が描けるでしょうか？　あなたは、どのようになっていきますか？
どんな可能性が広がりそうですか？

ええーっ、何でしょう？

どうぞ自由に発想して、答えてみてください。この質問をすると、想像もつかないことをいきなり言い出したりするものです（笑）。
もし、友達や仲間とやってみるなら、誰も否定しない、誰も笑わないという前提でやってくださいね。
世の中の人全員が応援してくれるとしたら、アイコさんは何をしたいですか？

そうですね。今までにない新しい感覚の小説を書きたいです。それがベストセラーになって、映画化やドラマ化される。それが夢です。

いいですね！　自分が本当にやりたいこと、自分の可能性を話してほしいのです。
自分の夢や可能性をどんどん言葉にして口に出してみましょう。夢がどんどん近いものに変わっていきますよ！

描いた夢をどのように現実に落とし込んでいく？

次に大切なのは、その夢を具体的にすること。次の質問3に答えてみてください。

ステップ 2　才能活用シート　質問　3

あなたの才能を活かして自分の目標や夢を達成するには、どんな人と出会ったらいいでしょう？
その人にはどうやったら出会えるでしょう？

なかなか難しい質問です…。

難しいですか。それは、自分ひとりでなんとかしようとしているからかもれません。いちばん簡単なのは、**自分ひとりで考えず、人に聞いてもらうことです。**
夢を叶えようとしている人たちのグループでは、どんな夢でも馬鹿にせず、みんなが「それ、いいね」「いいよね」と話を聞いてくれます。
みんな、良いビジョンを持っている人の夢に一緒に乗って、楽しい人生を送りたいと思っているからです。
傾向として、会社員の方たちには夢を語れない人が多く、また、夢を語ると、周囲から否定されることが多いようです。
夢を持つ会社員の方は、1人で黙々と頑張ったりします。
しかし、1人の力はタカが知れていて、1人で頑張るのは結構大変なもの。
イメージしていることを具体的にできず、自分で行動できなく、1人でなんとかしようとしているからゴールまでが遠い。
また、応援してくれる環境がないから、挫折してしまい、負のスパイラルに陥ります。
ですので、夢を語り合える仲間がいるとよいですし、そんな環境をつくれるといいのです。
良い人を紹介してくれたりして、あっという間につながる。

良い仲間を持つことが大事ですね。

はい。そして､夢が叶うまでの通過点の目標をつくりましょう。
その通過点に届く計画を立てて、それに向かって努力をすることが大事です。
夢が叶わない人の98％は、具体性が欠如していると言われています。つまり、現実的に落とし込めないのです。

また、具体的に落とし込むのにも、仲間と話すのは有効です。
（ビジネスの話は別にして）自分の夢の答えは自分の中にあります。その答えを引き出してもらうのです。
自分の考え方って、片側からしか見てなくて、反対側から見ることがありません。
他人に聞いてもらい、角度を変えたり、視点を変えたりすることで、ちょっと視点が変わり、いろいろと出てきます。夢を語り、応援し合える仲間をたくさん持っていることが大事です。

別の視点を持つことが大きなカギですね。

はい。1人の視点では限界があります。
自分では難しいことでも、人によっては簡単にできることもあります。やり方を教わってもいいし、やってもらってもいい。
夢を叶えるのにルールは特にありませんからね。
また、別の例を話しますが、成功すると人はよく旅行に行きます。これは、いろいろなところに行って普段見ていないものを見ることで、ひらめきがたくさん湧いてくるからです。
いつもと同じものを見ていると同じ発想しか生まれませんが、違うものを見に行くことで、多くの発想が生まれます。
人間は、脳の数パーセントしか使っていないそうです。
どんなに学んで、どんなに知識を蓄えても、いつもとやっていることが一緒だと、脳の同じところしか使われません。
知識があっても、いろいろなことを必要な時に引き出せるのが大事。
さまざまなこと、違うものを見て、思い出すのを増やさないといけません。

なるほど！　才能があってもうまく活用できなければ、意味がないですもんね。

才能を最大限に引き出すことで、夢は叶いやすくなります。
アメリカのビジネスコンサルタントの権威であるブライアン・トレーシー氏はこう言っています。
「戦略（目的と計画）を持てば、２年もすればだいたい形になる」と。
なんとなくやっている人たちは、何年やっても形になりません。
２年して形が見えてくるなら、いろいろチャレンジしたほうがいいですよね。

本当にそうですね。具体的に計画を立てて、やってみます！

カフェやバー、居酒屋で、質問2、質問3をみんなで話し合ってみてください。みんなの夢をみんなで叶えていく。そんな仲間を増やしていきましょう！

全ての人は、何かのスペシャリストとして活躍できます。
ですが、才能があるだけでは、ダメなのです。
自分も周囲も幸せになるには、
ある心構えを知っておく必要があります。
どのように考えて行動したらよいか、そのポイントをまとめました。

第3章

努力は不要！
才能を活かす生き方のススメ

才能とは、あなたが 〝当たり前のように〟やっていること

「才能」という言葉を、あなたはどのように定義していますか？

世の中では、特に秀でた能力と思われていることが多く、才能があるか・ないかということが話題に上ります。

才能とは、あなたが持って生まれた能力のことです。誰もが才能を持っています。ですが、本人としては、当たり前にやっていること、意識せずにできていることなので、気づきにくいのです。そして、才能というのは、何でもいいから行動をしてみないとわからないものなのです。

才能とは？

×
特に秀でた能力

○
持って生まれた能力
誰でも持っている

その持って生まれた能力により、考え方が違ってきます。考え方が違うことはいいことです。

違う考え方を、お互いに補い合うことにより、それぞれの才能を活かすことができるからです。

世の中では、補い合うという感覚よりも、どの考え方、どの答えがいちばんいいかなど、１つの正解を選ぼうとする傾向があります。多数決で決めたりするのも、そうですよね。

みんなが知恵を出し合って最高のものをつくろうとして補い合うほうが、専門性の高いプロフェッショナル集団となれ、質の高いものがつくれると私は思います。**みんな、何かのスペシャリストになればいい、と。**

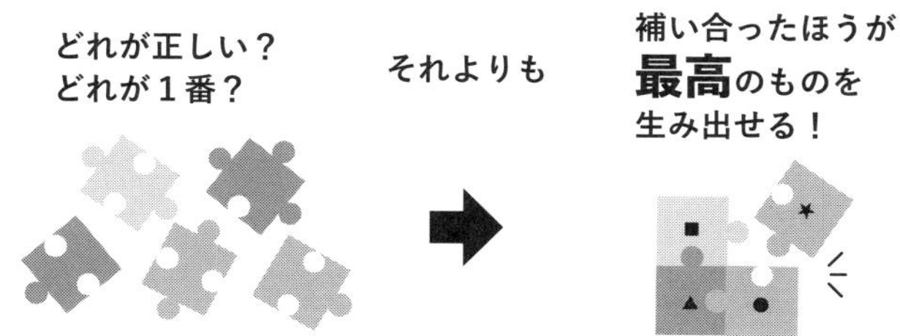

何でもソツなくこなして、何でもできるようになるのは難しいけれど、１つのスペシャリストを目指していくことなら

難しくないでしょう？

１つのスペシャリストになれば、その分野で秀でているところを認められたり、仕事をつくっていくことができ、その道で食べていくことも可能なのです。

「１つのスペシャリストで食べていけるのか？」と聞かれることもありますが、私の起業塾には、そういう方が多く通っています。さらに言うなら、全ての成功している仕事は、一点突破した後に広げていっています。

実際のところ、1カ月50万円の給料をくれる会社に出合うのは難しくても、1カ月50万円を稼ぐのは難しくありません。

「何でも自分でできたほうがいい。お金もかからないし」と言われる方もいるかもしれません。

ですが、自分ひとりの力はタカが知れています。最低限のものはつくれても、最高のものはつくれないのです。

それぞれの専門家が集まって才能を活かせば、仕事の質ははるかに上がります。

いいものができれば、社会も喜んでくれます。

みんなの才能を出し合って、１つのものをつくり上げられたら、面白いですよね。

大切なのは
自分の活かし方を「考える」こと

世の中では「みんなと同じことができるのはいいことだ」ということが常識になっています。

ですが、それは本当に正しいのでしょうか？

日本の詰め込み型教育の学校を優秀な成績で卒業した人は、社会に出て満足な収入を得ていますか？　やりたいことができていますか？　自分の好きなことに十分な時間を取れていますか？

昭和・平成が終わって、令和のご時世では、学歴と収入の高さがますますリンクしなくなってきています。

では、学歴ではなく、何が必要なのでしょうか？

それは**「考える力」**です。

日本は今まで、考える力を養わずに、教わることばかりを重視してきました。ですが、これからは教わる時代ではなく、自分で考える時代です。

教わったことだけでなんとかしようとすると、みんな、同じことしかできなくなるでしょう。違うことを考える人がいるから、面白いことができるようになるのです。

「自分の活かし方を考えようよ」と私は言いたいのです。

何が必要？

何でもできること

考える力→一点突破→一点極楽主義

もちろん、知識を否定しているのではありません。考えるための第一歩として、知識は基礎力となります。

第２章でもお伝えしましたが、ステップ１で生年月日から自分の才能がどういうものであるかを知ることから始まります。

複数の才能が出てきますので、その中から「自分に自覚があるのはどれだろう？」と自分で自分に質問をしてみるのです（仲間がいれば、仲間同士で質問し合ってもよいです）。

すると、「そういえば、こういう傾向があるな」「昔から、こういうことが気になるタイプだった」などと自分なりに考え始めるでしょう。

このプロセスを経て、自分の才能を認め出すことができるのです。

次にステップ２で、「世の中の人に役立つようにするには、その才能をどう活かせばいい？」と質問してみましょう。

すると、「こうすると喜ばれるかな？」「こんなことに役立てられるかも」と自分の才能の活かし方を考え始めますよね。

このように「考える力」がとても重要なのです。

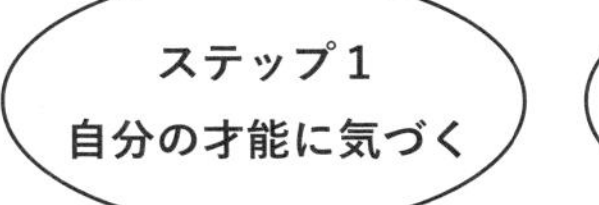

ステップ２
自分の才能を活かす

この自問自答から自分の才能を引き出し、活かすことによって、自分のやり方が身につきます。

自分の才能に気づき自分の才能を活かせる、つまり「自分のやり方」を知っている人は、どこの会社に行っても大丈夫です。

自分に合った仕事や会社を探している人もいますが、合う仕事を見つけるのはなかなか難しくありませんか？

例えば、あなたは営業が得意かもしれません。ですが、営業の仕方は業種によっても、会社によっても、上司によっても求められることが違います。ですから、適性検査などで「営業が向いている」と診断されても、結果を出せない人はたくさんいるのです。

一方で、自分の才能の活かし方を知っていれば、それをその会社の営業に応用させることで、結果を出すことができるのです。

自分に合った会社を探すのは難しいでしょう。同様に自分に合った仕事を探すのも難しいです。

あなたはあなたに合ったやり方を知っていればいいのです。

自分のやり方さえ知っていれば、どこに行っても自分自身を活用できる！

これが、私が本当に伝えたいことです。

オーケストラやチームスポーツであれば、指揮者や監督は演奏者や選手たちの能力を最大限に引き出そうとするでしょう。それと同じことです。

人と違ったってかまわない！ それこそが才能！

人はそれぞれ独自の才能を持っています。

先ほども書きましたが、才能とはスペシャルなものではありません。他の人よりできるところ…そんなカジュアルなものです。

ですが、大半の人は、自分には才能がないと思い込んでいます。

なぜでしょう？

それは、**才能とは「他の人と違っているところ」**だからです。

本当はとても優れているのに、他の人と違うからダメなんだと（周囲も本人も）思ってしまうことが多く、それが才能をつぶしてしまうのです。

他の人と違っていいんです。違うからこそ、人にはいろいろな存在意義があります。人との違いを受け容れることが大事なのです。

実は、統計心理学は、「みんなちがって、みんないい」を地でやっている学問です。

世の中では「他と違っていること」よりも「普通にできること」が求められます。

普通が素晴らしくて、個性がダメという日本の風潮ですね(それをなくしたいというのが、私の本音です)。

他の人とは違っていると言われる点が、本当はあなたの才能です。まず、その部分を認めることから始まります。

自分と人とは違って当たり前。ですが、日本人は、人と違うところに劣等感を感じるものです。劣等感と感じずに、個性として捉えられるといいのです。

統計心理学を知り「他の人と違う点をコンプレックスに感じたが、それこそが才能だとわかった」と言われる方は多いです。

また「自分ができることは誰でもできる」と思っていて、自分の才能に気づいていない人も多いです。

才能とは「自分にとっては当たり前にできること」。「何の努力もしていないし、何も変わったこともしていません」と言われる方も多いのですが、あなたの当たり前は、他の多くの人にはできないものですよ。

当たり前にできているから意識が向かない、意識が向かないから才能を活かせない…というのが本当のところです。

才能とは「自分の頭が働くところ」のことです。

才能がない人はいません。ただ気づいておらず、活かしていないだけです。

自分が自分の個性（他の人と違うところ）を認め、行動することで、標準よりも際立つ存在になります。

才能とは？

- **●他の人と違っているところ**
- **●当たり前にできること**
- **●自分の頭が働くところ**

「やらされ感」なしで自然と動いてしまうこと、ありませんか？

常々話していることですが、「自分の頭が働くところ」を見つけると、人は勝手に動き出すものです。

第２章で自分の才能に気づき、その中から「まさに自分のことだ」と思える要素トップ２を見つけましたよね。これが「自分の頭が働くところ」です。

頭が働くとは、無意識に思考が働くことです。

ふとした瞬間に何かと何かがつながったり、問題解決策が浮かんだり、アイデアが湧いてきたり…。つまり、無意識に脳が情報処理をして、発想や答えを導き出すことがありますよね。その自分のポイントを知って、活かすことができると強いのです。

例えば、「逆算型で考える」と頭が働く人がいます。ですが、ある人は「積み上げ型で考える」ことで頭が働き、また別の人は「自分で考えさせる」ことで頭が働き、さらに別の人は「教えてやらせる」ことで頭が働きます。このように、それぞれ頭の使い方が違うのです。
　自分の頭が働くところを知り、そこから行動するとどんどん伸びます。成果が出るまでの時間がとても早いのです。頭が働くところで勝負をしているから、時間が短縮できるのです。

　やりたくない仕事は「明日にしようかな」と思いますが、頭が働く仕事はやりたいことなので、「やっちゃおう」と思うのです。
　少しでも行動できると、何かしら結果が出ます。結果が出ると、自信が持てるようになります。
　すると、面白くなってさらに勝手にいろいろとやり出すのです。
　頭が働き、勝手にやり出すことは、その人の本当の力ですし、頑張りどころ。
　それが才能であり、自分の強みです。

才能を活かすと、苦手な人がいなくなる!?

統計心理学を知って活用することで、思わぬ副産物もあります。

それは、心の器が大きくなることです。

あなたの周りには、自分には理解できない人たちが一定数いませんか？　そういう人に出会うとストレスを感じませんか？

ところが、統計心理学を学び、人には12のタイプがあると知ると、理解できない人を受け容れることができるようになります。

今まで「なんでこんなことを言うんだろう？」と不満を持っていたことが、「なんでこんなことを言うんだろう？　ちょっと聞いてみよう」という興味に変わります。

「この人はこういうタイプだから、こういうことを言ってくるよね」「このタイプには、こう対応しよう」という方向に自然と変わってしまうのです。

これは雲泥の差です。

〈統計心理学を知る前〉

「なんでこんなことを言う？」
（不満・怒り）→ストレス

〈統計心理学を知った後〉

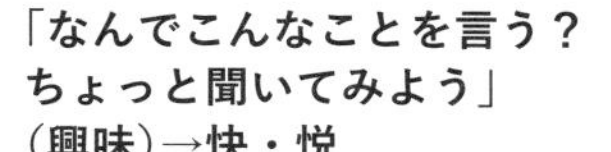

今まで理解できなかった人たちの多くを、受け容れることができるようになる。受け容れられる人が多くなるということは、嫌いな人が減ってくるということ。

自分の心の器が大きくなることにもつながり、許せることが多くなるから人間関係のストレスが減ります。それだけで人生が楽しくなる！

統計心理学を学んで活用している人は、「相手を受け容れる材料の１つになる」と言います。

自分ではなく他人に矢印が向けることができる。

この**受け容れるということは、ある意味、「究極の愛」なのです。**

コラム

経験や実績がない人でも、統計心理学が活用できます！

美意識かがやきコーチ　美香乃（みかの）さん

◉「自分に才能があるとは思ってもいなかった」「何もかも中途半端な自分だった」

美香乃さんは、能力があるのに、それを自分の能力ではないと思っていた方です。

多くのことに興味を持ち、おけいこ事も数多くしていて、資格もたくさん取っていました。ただ、極めるまではいかず、何をしても中途半端で、自分にできることはないと思い込んでいたのです。しかも、そんな自分が好きではなく、自分を受け容れられない方でした。

田中さんが、統計心理学で自分のタイプを知った時、「私はこんなにすごい宝物をたくさん持っているんだ！」と衝撃を受けたそうです。

「相手の表情から心理状態が読める」「話を聞くと、すぐにポイントを捉えられる」などの才能は、美香乃さんにとって当たり前にできていること。

そのことが嬉しく、同時に、今までそれを意識していなかっただけだとわかりました。
「自分はこの才能を持っている」と言い聞かせ始めたそうです。

◉「勝手に頭が働くところ」に気づいたら、結果に結びついた

美香乃さんは「人生を良くしたい」「夢を叶えたい」「人生をもっと豊かにしたい」といったクライアントさんの目標を達成させることを仕事にしています。
直感重視グループ・自由さん（000）が持つ「直感力が鋭い」「人の心理を読み解くのが得意」「クライアントさんが抱えている難しい課題に対して、素早くポイントを掴んで的確なアドバイスを提案する」を強化すると、勝手に頭が働くということに気づき、結果に結びつきました。
クライアントさんの表情から心理状態が読めるため、話をうかがう時も、ポイントが絞れ、相手が興味を持てるところから入れました。
また、自分では気づかずに抱えている問題、自己解釈をして現実がうまくいっていないことに対して、本当はどういった解決法がベストかをお伝えしていったそうです。
「私はこれが自然にできちゃうんだ」「これが才能なんだ」とわかり、自信につながったそうです。

才能を活かして、収入を増やす

「才能を活かして収入を増やしたいけれど、何から始めればいいか？」

これは、最もよく聞かれる質問です。

やはり、才能をお金に結びつけたいですよね。

統計心理学としては、意識するポイントを２つお伝えしています。

自分の才能に気づき（知る）、才能の活かし方（自分に合ったやり方）がわかったら、次にすべきことは２つです。

１つめは**「人を受け容れること」**。

人は皆、それぞれ違います。

その違う部分を受け容れるために、コミュニケーション能力を上げることがとても重要です。

統計心理学で言うコミュニケーション能力とは、「自分の言いたいことを伝えるのではなく、相手が理解しやすいように、相手が聞きたいことを話すこと」です。

なかなかハードルが高いと思ったかもしれません。日本人には、言いたいことも言わず、「言われなくてもわかるでしょ？」というコミュニケーションをとってきた歴史（文化）があります。ですから、言いたいことを言うのさえ難しいところがあります。

目指すのは「相手が聞きたいように、言葉を選んで説明できるようになること」。

このコミュニケーション能力が高まると、周囲の評価もグッと上がってきます。

２つめは「**相手から評価される点で、成果を上げること**」。

大事なのは、評価する相手です。

「私を評価する人たちの価値観は何だろうか？」「相手は何を評価するのか？」と自分に質問してみましょう。

会社で言えば、上司の評価基準を知って、上司が評価しやすい仕事をすることですし、起業家であれば、クライアントさんが何を大事にして、何を評価しているのかを知り、それに応えることです。

多くの人は、自分の頑張りを評価してほしいと思います。ですが、評価する側の価値観と、あなたが評価されたいポイントがかけ離れていることが、なんと多いことか！

評価されることを中心に成果を上げていけば、相手は評価せざるを得なくなりますよね。

そうしているのに、評価が上がらない、収入につながらないというのなら、おそらく、自分のやりたいことばかりをやっているのでしょう。自分の好きなことや、得意なことばかりをやっていて、上司から「協調性がない」などの評価を受ける人も多いようです。周りからの評価を気にしていないことが多いのです。

実は、上司は評価する基準を教えてくれているのに「自分が正しい」と思い込んでいると、この言葉を聞き逃してしまうのです。

教え方は人の数だけあります。自分以外の考え方を受け容れられるようになっていきましょう。

会社員は、頑張ってもなかなかお給料が上がらないとよく言われます。

ですが、出世する、やりたいことができるようになる、ボーナスが増えるなどのほか、会社が居心地よくなるなど収入には代えられないメリットもたくさん出てくるはずですよ。

ちなみに起業家であれば、見られ方が変わり、自分の評価が上がることで、収入は２倍・３倍と上がります。

才能を活かして、どんどん人を巻き込んでいく

「才能を活かして影響力を高めたい、人を巻き込みたいけれど、どうすればいいか？」と聞かれることも多いです。

才能を発揮して、リーダーシップをとるということですね。そのためには、大事な点が３つあります。

１つめは**「明るい未来を見せること」**です。

「この人についていったら、こういう自分の明るい未来があるんだ」というイメージを湧かせる人が、影響力を持つ人です。

さらに、１人ひとりの明るい未来というよりも、みんなが幸せになる明るい未来というイメージのほうがよいです。

主語に「私」ではなく「私たち」という言葉が使われると、この人についていこうと思うものです。

ポイントは、まず**自分中心の考え方を捨てる**こと。相手中心、またはみんなという話になると、相手が話を聞いてくれるようになります。

「自分がどう考えているか」はもちろん大事ですが、**「あなた**

はどう考えているの？」と聞ける人になることはもっと大事です。

相手から聞いたことを、みんなの明るい未来のためにどうすればいいかを考えていける人が、影響力を持てるのです。

自分中心の考え方を一度、捨てましょう。

２つめは「**目の前のことをうまくやろうという考え方を捨てて、みんなで１つのことに向かっていくという強さ**」です。私利私欲で、何かを誰かに求める人は影響力を持てません。

例えば、自分の評価を上げるために、部下に仕事を押しつけている上司がいたら、そんな上司に部下はついていかないでしょう。

そうではなく、みんなで成果を上げるために、１人ひとりに役割を与えて、きちんとみんなの評価をしてくれる人なら、影響力を持ちやすいのです。

３つめは「**何かあった時に自分よりも先に相手を守ってあげようと思う強さ**」です。言い換えれば、これは愛かもしれません。

多くの人たちは自分の価値観を押しつけながら仕事を進めます。ですが、統計心理学では相手の価値観を理解しながら１人ひとりに合ったサクセスプランをつくったり、みんなのモチベーションが上がる言葉かけをしたりなど、相手のことを常に考えています。

その一歩先を見据えたコミュニケーションが身につく心理学なのです。

さらに「より多くの人のお役に立てるようになりたい」という気持ちも出てくるかもしれません。

その場合は、いきなり多くの人にフォーカスするよりも、まず１人の役に立つことから始めるのがコツです。

そして次の３つのステップを踏みます。

［ステップ１］　その人に対して興味を持つこと
［ステップ２］　その人の明るい未来を応援すること
［ステップ３］　力になれることがあったら行動してみること

ステップ１の「人に興味を持つ」ですが、統計心理学を学ぶと、一般よりも高いレベルで人に興味を持つことができます。

第２章で書いた通り、いろいろな価値観の人がいるということをタイプ別に理解して、相手目線で相手の価値観を受け容れることができるからです。

相手の長所を見つけることができ、また将来どうなりたいか、どんな風にしたらいいかなど、相手が想像すらしていないことが頭の中に浮かんできて、結果的に明るい未来を応援する立場になるのです。

そして、実際に力になれることも具体的にわかるので、行動にも移しやすいのです。

多くの一般の人は「自分だったらこうする」というアドバイスになりがちで、なかなか相手の本質にヒットせず力になってあげられないものです。

統計心理学を知っていると、相手の価値観をいったん受け容れてから、相手の価値観に合ったことをアドバイスできます。

「自分のことを考えて言ってくれている」とわかった上での助言なので、相手の成果につながる確率が上がります。

こうなると、その人が「あの人に相談するといいよ」と周囲の人に勧めてくれるのです。

すると、多くの人の役に立てる自分になれるのです。

人との違いを受け容れること。
それが才能を活かす第一歩！

「人と比較せずに、いつでも堂々と自分らしくいたいけれど、どうしたらいいのか悩んでいる」という相談を受けることもあります。

他人と比較したくなる気持ちはわかりますが、**基本的に、人は違うからこそ素晴らしいのです！**

とはいえ、「頭ではわかっているけれどね…」という人が、すごく多いのではないでしょうか？　なぜなら、日本の学校教育が標準化ということを教えてきたからだと思います。

小さい頃からの教育により、「普通はこうだ」「こういうことができないとダメ」などといった固定観念ができ上がってしまっているのです。

できることが少ないと劣等感を感じたり、自分に自信のない人をつくりやすいのだと思います。

大切なのは、人と違っていいのだということをまず自分自身が受け容れることです。

統計心理学では、人はそれぞれ違うということが前提で、違う人の価値観を見つけたり、違う価値観を受け容れることがとても大事だと伝えています。

そして、大切なのは長所を見ていくということ。

今までいろいろな会社の人事相談を受けてきました。採用の時は、人の良いところを見て、給料を提示します。一方、辞めさせたい社員の相談の場合は、社長や上司は、その人の欠点にしか目を向けていないのです。

人を長所で見ている時は人間関係がどんどん良くなりますが、人の短所に目を向けていくと、どうしても関係が悪くなっていきます。

それは自分に対しても同じです。

自分の欠点にばかり目がいってしまうと、自信がなくなり、自分には価値がないとか、これでいいのかなと不安になります。

そうではなくて、やはり、自分の長所に目を向けましょう。

もっと言うと、**人の長所にも目を向ける。すると、１人ひ**

とりをきちんと見るようになります。そういう習慣がついてくると、嫉妬心がなくなります。その先は結局、愛の人になっているのですね。

完璧な人はいません。長所と短所があるから、人は支え合えるのです。自分に苦手なところがあるから、誰かの存在があるわけです。短所も自分できちんと受け容れて、できないことは誰かに手伝ってもらい、感謝しましょう！

そうやって人間関係をつくっていくと、堂々としていられるはずです。

人より秀でたことが１つあれば十分です。

自分の才能を見つけ、自分のやり方を見つけていきましょう。

そして、人の価値観の多様性を受け容れ、１人ひとりの個性を受け容れていける大きな心の器を育てていきましょう。

１人ひとりの良さを見つけ、伸ばしていく力になることができれば、あなたは「かけがえのない存在」になっていくことでしょう。

才能に気づき、意識していくだけで人生はどんどん楽しくなっていきます。

人の数だけある成功の形、人の数だけある幸せの形を見つけていきましょう！

あなたに合ったやり方が必ずありますよ！

Enjoy your Life!!

コラム

「統計心理学」は婚活でも大活躍！

愛される人を育てる恋愛の専門家　**姫乃きづき**さん

◉婚活成功のカギは
まず、ご自身のタイプを知ってもらうこと

姫乃さんは「婚活開始から半年以内で結婚に導く」を掲げている、恋愛・婚活の専門家。
クライアントさんの中には、交際ゼロ日プロポーズ婚や、3カ月以内に入籍したり、6カ月以内に結婚…という結果を出す凄腕の専門家です。
統計心理学を取り入れることで、素晴らしい結果が続出しています！
「恋愛や結婚はお互いの違いを受け容れ続けるもので、統計心理学は占い的に活用するものではなく、相手に思いやりを示すためにはとても役に立ちます！」と断言。
セッションの現場で、姫乃さんはまず、クライアントさんのタイプを調べ、今その人の状態が良い時なのか悪い時なのか、そして、その人の良さが発揮されているのか？　を確認するそうです。
クライアントさんのほとんどは、自分の良さが発揮されておらず、状態が悪いままなので、恋愛もうまくはいきません。

婚活がうまくいかない理由の多くの1つに、今の自分の状態が、良いのか悪いのかわからないまま、うまくいかない原因を相手のせいにしていることがあります。
人は自分の状態が悪い時、相手に対し求めることが増え、良くなるハズの関係も壊れてしまうのです。
クライアントさんにはまず「あなたの状態が良くなれば、もっとうまくいきます！」と伝え、自分の本質と現状を比較して、状態が良くなるように寄せていきます。
一方、自分の状態が良い時に関して、「このような行動をしていませんか？」と問いかけると自分の良さを再確認しやすくなります。

◉相手のタイプに合わせた言葉を選び、会話をする

また、相手に対してどんなことを言っているのか？　それは相手に伝わる言葉なのか？　など、相手との言葉のズレも改善する必要があります。
なぜなら、相手のタイプ次第で、言っていいことと悪いことがあるからです。
・自分のタイプを知ること
・相手のタイプに合わせた言葉を選び、会話をすること
この２点を押さえておくことで、恋愛や婚活、結婚生活がうまくいく確率を上げることができます。

本章では才能に気づき、活用して成功した事例をご紹介します。あなたの才能を深掘りするためのヒントとしてご活用ください。まずは第2章でご自身のタイプを知り、同じタイプの方の事例を読むのがお勧めです。一見、地味に思えるかもしれませんが、繰り返し読むことで、たくさんのヒントが見つかると思います。「私もこうしてみよう」と思ったことを、ぜひ行動に移してみてくださいね。

第4章

才能を活かすヒントが見つかる！タイプ別事例集

～ちょっとしたことで、専門分野の成功者に変わった！～

20名の成功事例

人柄重視グループ　CASE1 〜 6			
段取りさん 012	中尾 麻奈未さん	化粧品 販売代理店	人間関係の悩みが一気に解決！　家族の間でコミュニケーションが増え、仕事に全力投球できるようになった
段取りさん 012	斎藤 せい子さん	カウンセラー セミナー講師	人間関係のストレスが５割減？！　中間管理職時代は部下へのマネジメントに活用、自分らしい働き方を求めて独立
客観視さん 025	宇野山 康代さん	企業研修講師、 講師育成業	本当の才能を知ることで、受託業務から脱出！　自分で仕事を生み出すオンラインサロンをスタートできた
客観視さん 025	坪倉 亜希子さん	教育 ジャーナリスト	歌の先生から教育ジャーナリストに転身！個性を知ってママのイライラを好奇心に転換
自然体さん 108	土井 恵子さん	ママのための学校経営、ベビーマッサージ教室	自分の強みを活かすことで、ママ向けのスクールを立ち上げ、ビジネスが大きく発展！
本物志向さん 789	清水 貴子さん	ビジネス プロフィール専門のカメラマン	統計心理学により自分の軸を知ったことで、お花の先生からカメラマンに大転身！
結果重視グループ　CASE7 〜 13			
機転さん 919	山本 久仁香さん	音楽教室経営、 育脳の講師	特別な集客をせずに、月に２名の新しい生徒さんが来るようになった
計画さん 125	中島 浩平さん	近江牛の 焼き肉店オーナー	統計心理学は採用面接での最強ツール。採用経験がないスタッフでも、判断できる
計画さん 125	前田 イソジロウさん	動画クリエイター	人に見せていなかった本質を暴露された！　統計心理学を学び仕事の仕方と夫婦の役割分担が明確に。多様な価値観を知ることでビジネスは業績アップ！
我が道さん 001	堀江 知美さん	おうち起業の 専門家	４人の子持ち、家から出られない、30 分 500 円の占い師から、ママ向けおうち起業の専門家に転身！

我が道さん 001	前田 伊織さん	起業 コンサルタント	夫婦のコミュニケーションが劇的に改善！小学生の息子も「相手の価値観に合わせると揉め事を解決できる」と大人の考えになった
バランスさん 555	三品 佳代さん	セミナー プロデューサー	元女優が、統計心理学で才能を知って、世の中にない仕事を創り出せた！
バランスさん 555	佐藤 崇行さん	バスケットボールコーチ、 元日本リーグ 選手・監督	統計心理学をスポーツ指導に活用。選手の個性を見抜き、大学チームを優勝にまで導く
直感重視グループ　CASE14 ～ 20			
チャレンジさん 888	児玉 ゆかりさん	能力開発 コンサルタント	看護師・看護学校教諭から一転して、能力開発コンサルタントとして独立起業！
チャレンジさん 888	中村 みどりさん	セレクトショップ 経営	統計心理学を学ぶことでＳＮＳの活用方法が変わり、少ない手間で効率よく売れる店になった
専門家さん 024	平畑 旭さん	幼児教室の経営	公務員だった私が、自分に自信が持て、本当にやりたいことで独立起業できた！
専門家さん 024	山田 和子さん	ピアノ指導法 コンサルタント	統計心理学を活用したら、生徒さんの能力がメキメキと伸び始めた！
自由さん 000	富士野 知子さん	イメージ コンサルタント	「お客様に似合う服と、明るい未来がイメージとして見える」という才能が開花！唯一無二のイメージコンサルタントに
自由さん 000	田澤 純子さん	右脳と左脳と才能を伸ばす幼児教室経営	子どもさんとの信頼関係構築の時間が、劇的に短縮できた！　３回会えば、信頼されるようになった
カンペキさん 100	紅田 田希子さん	お腹下半身 ダイエット専門 コーチ	お客様１人ひとりに「この人にとって何がいちばんいい？」と考え、ベストの方法を提案できるようになった

＼ 人柄重視グループ ／

段取りさん（012）

CASE 1

人間関係の悩みが一気に解決！家族の間でコミュニケーションが増え、仕事に全力投球できるようになった

中尾 麻奈未（なかお まなみ）さん
化粧品販売代理店

◉家族との関係に悩み、統計心理学を学び始める

中尾さんが統計心理学に興味を持ち始めたきっかけは、お嬢さんでした。中尾さんは、お母様が化粧品販売の代理店を 42 年続けており、中尾さんご自身も同じ代理店業を 15 年行っています。

子どもの頃から、お母様、妹さんと 3 ～ 4 時間、ずーっと話していることが当たり前の環境でした。小学生の時も、ランドセルを背負ったままお母様の事務所に帰り、宿題をして、来店されたお客様と話して自宅に帰るというのが日常でした。

ですが、結婚して娘さんが生まれ、子育てをしてみると、お嬢さんは１人の部屋を欲しがり、帰ってきても自分の部屋にササッと行ってしまいます。「もしかして、いじめられているのかな？」と中尾さんは思ったそうです。

統計心理学を学び、調べてみると、中尾さんご自身は人柄重視グループ・段取りさん（012）、お母様は人柄重視グループ・客観視さん（025）、妹さんは人柄重視グループ・本物志向さん（789）と、全員が人柄重視グループでした。

一方、お嬢さんは結果重視グループ・我が道さん（001）で、１人でいるのが居心地がよいタイプ。

「自分が心地よいことが、娘も心地よいというわけではないんだ！」と気づき、それ以降、中尾さんのお嬢さんへの言葉かけが変わったそうです。結果、お嬢さんも友人関係の大切な話をするように変わりました。

◉人間関係の悩みは、これで全て解決する！

また、中尾さんのご主人は、直感重視グループ・チャレンジさん（888）。中尾さんの話をなかなか理解してくれませんでした。

中尾さんがお母様や妹さんと話す時は、少し話せば通じますが、ご主人にはそれが通じず、イライラすることもありました。

ですが、そういう性格を理解し、話し方を変えたことで、良いパートナーシップを組めるようになったそうです。

人柄重視グループの中尾さんは人が大好きなこともあり、いろいろな性格の人がカテゴライズされている統計心理学を、知れば知るほど面白いと思いました。

家族間で良いコミュニケーションをとれるようになったことでストレスがなくなり、また、家族が仕事への理解もしてくれるようになったため、仕事に全力投球できるようになりました。

◉お客様や代理店さんのタイプを知ることで、ヤル気スイッチを押しやすくなった

化粧品販売の仕事でも、初めてのお客様には申込フォームに生年月日を書いてもらい、お客様のタイプによって対応を変えることにしました。また、傘下の代理店さんの育成にも活用しました。

中尾さんは相手への理解を深めることで、以前よりもコミュニケーションが増え、その方のヤル気スイッチを押しやすくなり、適切なアドバイスができるようになりました。

鈴木のコメント

中尾さんは人柄重視グループで、とても面倒見の良い方です。化粧品販売の仕事を15年やっていたので、自分のやり方をすでに持っていました。「面倒見の良さから、出会った人にいかにお客様になっていただくかと、タイプに合わせた対応」を極めていきました。
少人数でも、高確率でお客様になっていただける方法が確立できました。

＼ 人柄重視グループ ／

段取りさん（０１２）

CASE 2

人間関係のストレスが5割減?! 中間管理職時代は部下へのマネジメントに活用、自分らしい働き方を求めて独立

斎藤（さいとう）せい子さん
カウンセラー
セミナー講師

◉トップダウンだけでない！ さまざまなリーダーシップのとり方を知る

斎藤さんが統計心理学と出合ったのは2005年で、当時は大手企業の中間管理職をしていました。会社では部下のマネジメントをしながら、自分でも結果を出すことを要求されるポジション。ですが、リーダーシップのとり方に悩んでいたと言います。

もともと心理学に興味があったという斎藤さんは、仕事の成果につながることを期待して統計心理学のセミナーに参加しました。

斎藤さんはインサイド・アウトサイドともに人柄重視グループ・段取りさん（012）です。「人柄重視」そのもので、「俺についてこいタイプのリーダーシップが苦手だった」と打ち明けます。トップダウン式のマネジメントが苦手といっても、部下がいるので指導しなければなりません。人柄重視グループ・段取りさん（012）は、誰とでもフランクに、お互いを認め合いながらオープンな付き合い方が心地よいタイプ。チームメンバーのことを公平に考え、リードすることが上手な性質です。斎藤さんは当時を振り返り「セミナーを通じ、段取りさん（012）らしいコミュニケーションのとり方を学べたのがすごくよかった」と話します。

斎藤さんは「統計心理学のセミナーは、人間関係のストレスが３割減るとセミナーの最初に耳にしたけれど、１回の受講で５割減る体感があった」そうです。さらに部下との関係性が良くなり、自分らしいリーダーシップのとり方を身につけたと言います。

◉会社の方針に納得できず独立！「やらなくて後悔するならやって後悔するほうがいい」

斎藤さんは昔から勉強が好きで、会社勤めをしながら心理学やファッションなどのセミナーや研修に参加していたそうです。当時は気軽に受けられるセミナーや研修が少なく、会社員で業務に関係のない勉強をする人が少なかった時代。斎藤さんは自己研鑽を重ねるうちに「やりたいことを仕事にしよう」と一念発起、独立を果たしました。

大手企業を辞めて独立起業をする人はまだ少数派でした。ですが、斎藤さんは「定時で帰宅できるような業務量ではなく終電の毎日。当時の大企業は女性が昇進できる環境ではなく、もちろん給料も増えない。それなら独立して好きなようにしたいと思った」と振り返ります。「やらなくて後悔するくらいならやって後悔するほうがよかった」と力を込めます。

会社を辞めようと思ったいちばんのきっかけは、お客様との付き合い方を会社が決める方針だったからと明かします。

斎藤さんがいたのは保険会社。取引先企業との付き合いは10 年、20 年に及ぶこともあると言います。「長年いい関係を続けてきて、かつて自社がその取引先から恩恵を受けていても、目先で儲かってないなら切れと指示された時は納得いかなかった」と打ち明けます。人間関係を大事にする人柄重視グループの中でも、段取りさん（012）は強引に関係性を決められることには耐えられず、この出来事が独立の後押しとなりました。

◉情報感度の高さを活かしたアドバイスを提供。
独立したい人にもエールを送る！

独立当初は派遣社員として収入を得ながら、自分らしい仕事の仕方を模索していたそうです。現在の仕事はカウンセラーと研修・セミナーの講師業。情報感度の高い段取りさん（012）らしく、興味のあることには常にアンテナを張っているそう。仕事では人の悩みを聞いて解決につながる情報提供をし、その選択肢の中からクライアントさんに選んでもらうというスタイルを取っています。

現在の仕事状況について、斎藤さんは「自分らしいやり方をずっと探してきて、やっとフィットするものが見つかった」と笑顔を見せます。やりたいことがある人に対して、「独立するなら早いほうがいい。個人事業主はまず体力なので、独立を目指す人は少しでも早くチャレンジしてほしい」とエールを送ります。

鈴木のコメント

斎藤さんは今の仕事内容について、「教えるだけでは軽すぎるが、問題解決まで責任を負わされると重すぎる。そのちょうどいいところを見つけた感じ」と表現します。

統計心理学を通して自分に合う仕事の仕方を見つけた斎藤さん。

彼女のように、自分らしい働き方を見つけるためにも、やりたいことがある人は少しでも早く、統計心理学を学び始めることをお勧めします。

＼ 人柄重視グループ ／

客観視さん（025）

CASE 3

本当の才能を知ることで、受託業務から脱出！　自分で仕事を生み出すオンラインサロンをスタートできた

宇野山 康代（うのやま やすよ）さん
企業研修講師、講師育成業

◉今までの経験から「大多数を相手にすることが得意」だという思い込みが、伸び悩みの原因だった

宇野山さんはバスガイドの仕事から転身し、司会、企業研修一本で仕事をしてきた方です。そのため、大多数相手の仕事が向いており、得意だと思い込んでいました。

統計心理学で自分のタイプを調べた時に、宇野山さんは「人に配慮するのが上手」「きめ細やかな人間関係をつくる」ことが強みと知り、個別対応のほうが合っているということを新たに発見しました。

人柄重視グループのため、人との信頼関係を築くことに自然と頭が働き、計算せずにやっているタイプでした。

常に「客観的な視点」「探究心」があり、そこを活かすべきだと気づきました。

◉コロナ禍で新しいチャレンジ！
初めて自分のコミュニティをつくったところ…大成功！

宇野山さんは、それまでは個人対個人で深いパイプを持って仕事をすることはありませんでした。ですが、「1対1のコンサルティングが合っているのではないか」「自分のコミュニティをつくったほうがいいよ」と言われて、そういう発想は自分にはなかったと驚きました。

「世のため人のため、仲間意識・助け合い精神」を持っている点が客観視さん（025）の特徴です。新型コロナウイルスの影響で、クライアントさんたちに講師の仕事がなくなるのがわかったため、クライアントさんを守ることを使命として、まずオンラインサロンをつくりました。

そして、オンラインサロンに登録してくれる人たちを徹底的にサポートする体制をつくり、話を聞く、ちょっとした声かけや励ましなどを行うなど、とことんフォローをしていきました。また、「なぜ、なぜ？」と深掘りしていく探究心があるため、クライアントさんがつくるセミナーの指導も上手でした。

大きな働きかけをするのは苦手な宇野山さんでしたが、このように自然と信頼を勝ち得ていく流れになりました。

◉受託業務からの脱却！
自分で仕事を生み出すスタイルに変えられた

オンラインサロンでコミュニティをつくったことにより、仕事の幅がグンと広がりました。

実は、今までやっていた企業研修は、資格を取った協会から始めたこともあり、協会がらみの仕事が多く、ほぼ協会からの受託業務のため、不安定でした。そういった受け身のスタイルから、自分で仕事を生み出すスタイルに変わることができたのです。

鈴木のコメント

宇野山さんはご自身の才能を、今までの仕事から捉えていた方です。統計心理学により、本来持っている才能に気づき、才能を活かすことで、より強みが発揮できるようになりました。お金や目標より、「みんなの仕事がなくなったら大変」という使命感が彼女のやる気スイッチを押しました。

＼ 人柄重視グループ ／

客観視さん（025）

CASE 4

歌の先生から教育ジャーナリストに転身！個性を知ってママのイライラを好奇心に転換

坪倉(つぼくら) 亜希子(あきこ)さん
教育ジャーナリスト

◉転身のきっかけは、自分の価値観に縛られるママたちとの出会い

坪倉さんは統計心理学に出合う前は、ずっと歌（声楽）の勉強をしていました。少年少女合唱団で歌を教えるなど、長年歌に関する仕事に携わっていたそうです。お子さんが生まれてからは、リトミック教室でレッスンのアシスタントをしたり親子コンサートで歌ったりしていました。

坪倉さんの転身は、自分自身が母親になったことがきっかけでした。同じママたちとの交流が増える中で、自分が持つ価値観や周りの目にとらわれ、しんどくなっているママたちとたくさん出会ったと言います。子どもは大好きだけれど、イライラして優しくできない…。そんな世間のママたちの余裕のなさが気になりました。坪倉さん自身も、子どもに小学校受験をさせた際に「中学・高校受験と続く未来を考えた時、ずっと追い立てるような状況になるのではと気になった」と話します。
「今の子どもたちが将来、社会に出た時、自分の足で豊かな人生を歩めるようにしたい」と話す坪倉さん。そのためにも多様な価値観をママたちに伝えていきたいと思い、教育ジャーナリストに転身したと打ち明けます。

◉先生っぽくない?! でも、それが自分らしいスタイル

坪倉さんは人柄重視グループ・客観視さん (025) 。客観視さん（025）は、先生っぽくふるまうより、みんなと一緒に成長することに喜びを感じるタイプ。セミナーなどでも「先生ではなく名前で呼んでくださいね」と伝えていると言います。情報収集力も強みの１つ。具体的な業務では、「どうやったらわかりやすいかな？」「どうすれば伝わりやすいだ

ろう？」と調べながら資料をつくる時が楽しいと目を輝かせます。

アウトサイドは結果重視グループ・計画さん(125)。夢や目標の達成に向けて計画を立て、着実に実行していくタイプです。客観視さん(025)の、子どもたちの教育という客観的な問題を見出す力と、自分が描く理想を現実的に実現していく計画さん（125）の2つの特性をうまく組み合わせて活動しています。

◉自分の育児でも統計心理学を活用、タイプを知ることでイライラを好奇心に転換！

プライベートでは3人のお子さんを持つ坪倉さん。お子さんはそれぞれタイプが違うそう。坪倉さんは「タイプによって話の伝わり方が違うので、1人ひとりの話をじっくり聞くことを大事にしています」と明かします。子どものタイプを知ることで、予想外の行動をした時も、その子を否定する「なんで?!」ではなく「なんでこんな発想になるんだろう？」と思うようになったとも。

タイプを理解することで自分と違う相手に対し、より興味を持つようになったとも言います。「見方が変わることでイライラが好奇心につながった」と力を込め、この視点を教育ジャーナリストとして関わるママさんたちにも伝えたいと言います。

鈴木のコメント

情報を共有して、仲間と共に成長することに喜びを感じるのは人柄重視グループ・客観視さん（025）の特徴。自分の才能を活かした仕事の仕方をしているなと感じました。これからは坪倉さんが中心になり、一緒に学ぶコミュニティづくりをしていくとよいのではと思います。

自分の才能を活かし、自分に合ったやり方でスタートしたから、仕事が楽しく、ストレスなくできているのだと思います。

＼ 人柄重視グループ ／

自然体さん（108）

CASE 5

自分の強みを活かすことで、ママ向けのスクールを立ち上げ、ビジネスが大きく発展！

土井 恵子（どい けいこ）さん
ママのための学校経営、
ベビーマッサージ教室

◉クライアントのお母様たちに活かしたいと思い、統計心理学を学ぶ

土井さんは大阪・南で有名なベビーマッサージの先生でしたが、統計心理学を学んだ結果、ビジネスを大きく発展させた方です。今では、ママのための学校を立ち上げ、ベビーマッサージのほか、カウンセリング、コーチングも取り入れ、また講師養成講座も開催しています。

統計心理学を学ぶきっかけは、クライアントのお母様たちに活かしたいと思ったからでした。

◉自分の性格が言葉として認識されることにより、自信につながった

まず土井さん自身が、人柄重視グループ・自然体さん（108）だとわかり、強みは「可愛がられたい精神が強い」「人の話を聞ける」「本気で相手に興味を持てる」「本質にこだわる」と知りました。「やはりそうか！　自分の性格が言葉になっている」と思ったそうです。自分の強みを言語化してもらったことで、自信につながりました。

ただ、その強みを仕事に活かせていないことに気づいたのです。実際、ベビーマッサージには毎月100人も通ってきていましたが、それ以上は何も提供できずに終わっている状況でした。

◉広く浅くやっていた仕事が、本質を突いた本格的なスクールに変わった

そこで、親として子どもをどう扱ったらいいか、母親の役割は何か、自分を大切にするとはどういうことかなど、人として大事なこと、本質的なことをカリキュラムにして、お母

様たちにきちんと伝え始めることにしました。

もともと本質を突くことが得意で、信頼関係構築も得意なタイプです。土井さんの持ち味が活かされていることもあり、一定の人たちが反応し始めたのです！

そこで、土井さんは月5,500円のママスクールをつくり、本質をきちんと伝えていきました。さらに、お母様たちのメンタル面での問題に気づき、それを解消するマンツーマンのカウンセリングコース、コーチングコースをつくりました。

次に、その内容を教えられる資格講座をつくり、お母様たちが活躍できる場を創り出したのです。

このようにベビーマッサージだけの仕事だったのが、大きく広がりました。

鈴木のコメント

土井さんは大阪ではすでに成功していた方で、ベビーマッサージのキャリアもありましたが、単価が低く、広く浅くやっていました。
人柄重視グループ・自然体さん（108）なので、本質的なものを持っているのに、その点をうまく使えていなかったのがもったいない状態でした。
こういうタイプは、1つに絞って、狭く深くを意識するとよいです。

＼ 人柄重視グループ ／

本物志向さん（789）

CASE 6

統計心理学により自分の軸を知ったことで、お花の先生からカメラマンに大転身！

清水 貴子（しみず たかこ）さん
ビジネスプロフィール専門のカメラマン

◉自分のタイプを知ったことで、このままの自分でいいとOKが出せた

清水さんはもともとプリザーブドフラワーの先生でしたが、統計心理学で自分を知ることにより、ビジネスプロフィール専門のカメラマンに転身しました。

清水さんは人柄重視グループ・本物志向さん（789）で、「人を見る目がある」「経験・実績を重んじる」「いろいろなことはできないが、一点突破できる」「控えめだけど、目立ちたい」という性質があります。

40歳過ぎるまで、自分のタイプをきちんと知る機会はありませんでした。どうしても変えられない点、足りない点などの認識はあり、「このままでいいのかな？」という疑問はありました。

ですが、自分のタイプを知ったことで、このままの自分でいいとＯＫが出せたそうです。足りない点に目を向けず、持って生まれたものがあるなら、それでいいと思ったそうです。

特性を活かして仕事をするという意識はなかったのですが、自分を知ることで、特性を自信に変えて一歩進むことができました。

◉「実績、経験を重視する」性格が、功を奏した

プリザーブドフラワーの先生をしていた時、告知用に、自分の花の作品を撮影していました。ですが、ちょこっと撮るのでは満足できず、カメラマンに弟子入りして、本格的に撮影技術を勉強。そんな熱心さがありました。

起業塾仲間の美容室に行った時、たまたまカメラを持っていた清水さんは、仲間の美容師さんの仕事風景を撮る機会に恵まれました。

その美容師さんには「美容師という仕事が合っているのか？　このまま続けていいのか？」という迷いがありましたが、清水さんが撮った写真を見て、「私は美容師の仕事で、やっぱり幸せ。こんなにきれいなんだ。本当にありがとう」とものすごく喜んで、感動してくれたのです。

清水さんは自分の撮影技術で人を感動させられることに、心が動き、カメラマンへの転身を決意したそうです。

◉「自分のやり方でしかやらない」ことが、成功の秘訣

多くのカメラマンは、被写体をいかにかっこよく撮るかにフォーカスします。ですが、ビジネスをしている人が本当に欲しいのは「売るための写真」です。写真を見ただけで、行ってみたい、会ってみたいと思える写真を撮ると決め、ビジネスプロフィール専門のカメラマンになりました。

本物志向さん（789）の性格である「経験・実績を重んじる」を活かして、モニターでの撮影を数多く経験し、実績を積みました。

花の撮影を教わったカメラマンに再度弟子入りして、人物撮影を学びもしましたし、また、「人を見る目がある」ため、話を聞き、撮りたいと心が動く人しか撮らないと決め、良い

クライアントさんにも恵まれました。
　このように自分の才能を活かして、「自分のやり方でしかやらない」ことが、成功の秘訣です。

鈴木のコメント

清水さんは、プリザーブドフラワーの先生をしていた時から、自分をそこそこ活かしていました。ですが、花をつくるよりも、人を撮っているほうが清水さんのこだわりも活かせると思い、職業転換を勧めました。
実践に移すとメキメキと力を付け、起業塾メンバーをモニターとして全員撮ってもらいました。その経験で自信がついたのだと思います。

＼ 結果重視グループ ／

機転さん（919）

CASE 7

特別な集客をせずに、月に２名の新しい生徒さんが来るようになった

山本 久仁香（やまもと くにか）さん
音楽教室経営、
育脳の講師

◉「生徒さん、お母様との関係性をより良くできれば、生徒さんの可能性をもっと伸ばせる」

山本さんは、ピアノとエレクトーンを教える音楽教室を15年にわたって経営し、さらに音楽と手先を使う育脳（脳を育てる訓練）を２年半ほど行っている先生です。

自分を深く知りたかったことと、生徒さん、お母様との関係性をより良くできれば、生徒さんの可能性をもっと伸ばせると思い、統計心理学を学び始めました。

自分が結果重視グループ・機転さん（919）と知り、「交渉上手」「短期決戦が得意。長期的には弱い」「わかりやすく説明する」「人の気持ちを察するのが早い」という特徴に、納得しました。

山本さんはレッスンで何げない言葉かけをして生徒さんの気分を上げて乗せるのが得意で、お母様たちから「子どもの気持ちの、そんなところまでわかるなんて、すごい」と言われることも多かったのです。

◉「わかりやすく説明する」「人の気持ちを察する」という特徴が強みだと気づいた

また、ピアノの先生の間で「レッスンの説明がわかりやすいのは、久仁香ちゃんの特徴だよね」と言われていたのですが、山本さんは「みんな、できるでしょ」と信じていませんでした。

例えば、「やさしく弾く」ということを言っても、なかなか加減がわかりにくいもの。そんな時、山本さんは「豆腐ってやわらかいよね。鍵盤を豆腐だと思って、豆腐にブスッと穴が開かないくらいにやさしく弾きましょう」と伝えます。

こういう機転の利き方が、機転さん（919）の特徴であるとわかり、山本さん自身の強みなのだと、大きく自信がついたそうです。

●統計心理学により、自身のあり方が大変化！
「ピアノの先生」から「教育者」になった

生徒さん１人ひとりのタイプを調べて、話していく中で、それぞれの可能性がわかり、生徒さんと関わるのがより楽しくなりました。

また、生徒さんがご両親に言えないことも話してくれる関係になることで、レッスン以外の相談も受けるようになり、山本さん自身も生徒さんの人生に関わるアドバイスができるようになったそうです。今までは、ピアノの先生どまりで、そこまで深く関われませんでした。

「学習塾はやめたいけれど、エレクトーンには行く」と言ってくれた男子生徒さんや、「先生、いつもありがとうございます。子どものことを、私よりもよく知っていると思います」「他の教室では受け容れ不可能と言われたウチの子を、先生が受け容れてくれてよかったです」と感謝してくれるお母様もいます。

生徒さんの個性や才能を見抜くのが上手になり、お母様たちも安心感を持ち、任せたいと思ってくれるようです。また、その信頼関係から、お母様からの相談を受けることも増えました。

山本さん自身のあり方が、ピアノの先生から教育者に変わっています。特別な集客はしていないのですが、ご紹介やブログ記事から、毎月２名ほど新しい生徒さんが来るそうです。

鈴木のコメント

山本さんは統計心理学を自分と生徒さんに活用することで、能力を発揮できている方です。山本さんの頭が働くところを使い、生徒さんの強みを受け容れ、伸ばすことで喜ばれています。それにより、山本さんも「もっとできることはないかな」と思って行動するために、相乗効果でいい循環が起きています。

以前は「今」しか考えられなかったのが、今は、「この子がどうなったら、もっと成長できるのか」と考えるようになったそうです。

山本さん自身のあり方が変わったことが、本当に大きな成果だと思います。

＼ 結果重視グループ ／

計画さん（125）

CASE 8

統計心理学は採用面接での最強ツール。採用経験がないスタッフでも、判断できる

中島 浩平（なかじま こうへい）さん
近江牛の焼き肉店
オーナー

◉スタッフが採用面接で客観的な判断ができるようにと、統計心理学を学び始めた

中島さんは近江牛の焼き肉店を10年以上にわたり経営し、人や教育に関心が高く、いろいろな人から相談されるほど人望がある方です。

悩みどころは採用面接だったそうです。中島さん自身は今までの経験もあり、相手の話を聞くだけでこの人が何に向いているかなど推測できますが、スタッフにはその判断がなかなか難しいもの。その判断方法を言語化できないかと思った時に出合ったのが、統計心理学でした。

大きく3パターンに分かれ、また、学問の形になっているため、採用面接で使えないかと思ったそうです。

「生年月日で何がわかるのか？」という人もいますが、生年月日だけなのに、ぴったりな結果が出ているのは事実です。

例えば、中島さんが相談に乗ったパーソナルトレーニングの会社は、オウンマインド（自分の意思）でやりたい人が多い組織。社長は自分の感覚で採用しているのですが、統計心理学で調べたら同じタイプばかりを採用していました。

そこが面白いと思い、実証を続けながら、ずっと学び続けています。

◉店のスタッフへの理解が、深まった

中島さんのタイプは結果重視グループ・計画さん（125）で、特徴は「矛盾に気がつく」「表裏に気づく」です。

自分の店のスタッフには「いろいろな子がいて、動物園みたいだね」と言っていたのですが、実際に調べてみると計画さん（125）ばかりでした。

ただ、店長だけが違うタイプでした。確かに、以前から

「俺だけ違う気がする。みんなができることができない」と言っていました。

それを知った時、中島さんは店長に謝りに行ったそうです。普段、「いろいろな人間がいていいよ」と言っていたのにもかかわらず、自分が採用した他のスタッフは、全て計画さん（125）でした。そして、店長のタイプを調べて、こういうことが得意かもしれないと提案することができたそうです。

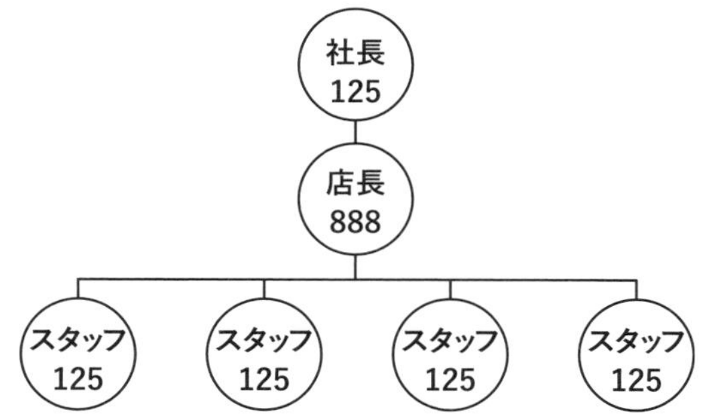

スタッフが社長の価値観と合わなかったり、社長にとって苦手なタイプだったりすると、「もう、このスタッフとはうまくやれない」と社長が無関心になるケースは多いもの。客観的に相手を知ることで、その点を回避できるのです。

◉スタッフ同士、価値観の違いに気づけて、一歩歩み寄れるツール

職場の人間関係は、価値観の違いでぶつかり合うことが多いもの。

野球のバッテリーの語源は、「俺、最高」と考えるプラス思考のピッチャーと、最悪のことを考えているマイナス思考のキャッチャーがいて、プラス、マイナスがあるから電気が通るということだそうです。

違う価値観の人間だから、力を合わせた時に大きな力を生み出せるのです。

会社だと同じタイプが集まったりしがちです。それはそれでパワーが出ていいかもしれませんが、違うタイプがいるからいい結果になることがあると中島さんは言います。

ですが、違うから排除するということが非常に多いのも事実です。

まず自分の価値観を知り、それを大切にした上で、相手に一歩歩み寄りがあるといいのです。価値観の違いにみんなが気づけると、無関心にならずに済みます。

統計心理学は、職場の人間関係の良さを引き出せるツールなのです。

鈴木のコメント

中島さんは10年以上にわたり経営をし、人材育成に関していろいろやってきていました。それでも統計心理学を学ぶことで、人を見る視点が明確になり、いろいろな切り口から捉えることで、より深掘りし、対応していく幅が広がり、精度が上がったと思います。

＼ 結果重視グループ ／

計画さん（125）

CASE 9

人に見せていなかった本質を暴露された！ 統計心理学を学び仕事の仕方と夫婦の役割分担が明確に。 多様な価値観を知ることでビジネスは業績アップ！

前田イソジロウさん
動画クリエイター

◉セミナーを受けたのは「妻の個性爆発」がきっかけ?!

前田イソジロウさんはCASE11の伊織さんのご主人。仕事はセミナーの動画撮影・編集を手がける動画クリエイターです。

タイプは伊織さんと同じ結果重視グループで、イソジロウさんは計画さん（125）。最初は伊織さんから統計心理学の話を聞いても「そんな学問があるんだ」くらいの感想だったと言います。

しかしセミナーを受けた伊織さんが、受講後に劇的に変化。伊織さんが自分の才能を理解することで、公私共にうまくいくようになったことを目の当たりにしたそう。イソジロウさんは「これまで慎重派だった妻が、個性爆発で物事に取り組むようになった。その姿を見て、統計心理学って何？　と思った」と振り返ります。伊織さんがイキイキと輝く様子を見て、自分も統計心理学を深く知りたくなったそうです。

◉仕事面では単価アップ、リピーター増加。「好転以外のなにものでもない」

イソジロウさんは自分のタイプを知った感想を、「腑に落ちたというのが率直な意見」と言います。結果重視グループ・計画さん（125）は、長期的な展望を持ち用心深く物事を進める性質。イソジロウさんは「実は石橋を叩きまくるタイプだけど、自分を良く見せたくてイケイケっぽくふるまっていた（笑）」と言い「セミナーではそんな自分の本質が暴露された」と笑います。

イソジロウさんは結果重視グループのため、仕事は結果が全てと思っていたそうです。しかし統計心理学を学び、結果までのプロセスも評価する人がいることを知りました。「そんな価値観を知ったので、セミナー受講後はクライアントさんに制作過程についても細かく伝えるようにした」と話します。作業工程を丁寧に伝えることで仕事の価値が伝わり、単価を値切られることがなくなったそう。提案も通りやすくなり、きめ細かな仕事ぶりが評価されたことでリピーターが増加しました。

また、人にはさまざまな才能があることを知ったため、得意なことは自分で伸ばし、苦手なことはそれを得意にしている人に任せるようになったとも。「仕事面では好転以外のなにものでもない」と言いきります。

◉パートナーシップでは役割分担が明確に。「妻が船で僕が羅針盤」

イソジロウさんは夫婦でセミナーに参加したことで、「それまでお互いのことをフワッとしか理解できてなかったのが、カチッとはまったように感じた」と明かします。同じ結果重視グループでも、伊織さんは我が道さん(001)で猪突猛進型。一方で計画さん（125）のイソジロウさんは、リスクヘッジを怠らないタイプ。相手の性質をよく理解した今は、２人の意見を組み合わせて１つの目標に進むようになりました。

イソジロウさんはパートナーシップについて「妻が船で僕が羅針盤」と説明。セミナーを受けて、より妻のことが理解できるようになったと笑顔を見せます。

鈴木のコメント

もし、イソジロウさんが、統計心理学を知らないまま同じ仕事を続けていたら、人に良く見せようとばかりしていて、自分の本質を出せないままだったでしょう。「価値をうまく伝えられず、相手から値切られたり、言い値のままで引き受けたりしていただろう」とイソジロウさん本人も言っています。

パートナーシップでは相手の心に響く言葉のチョイスができるようになり、ハッピーな時間が増えたそう。仕事面でもプライベートでも、相手との信頼関係を深めるツールとして統計心理学を上手に活用しています。

＼ 結果重視グループ ／

我が道さん（001）

CASE10

４人の子持ち、家から出られない、30分500円の占い師から、ママ向けおうち起業の専門家に転身！

堀江（ほりえ） 知美（ともみ）さん
おうち起業の専門家

◉最初は「生年月日を使ったものなんて、信じられない」と否定していたが…

堀江さんは、４人のお子さん（しかもいちばん下が双子）を育てながら、自宅で30分500円の占いを毎月100人ほどやっていた占い師でした。

生年月日を使う占いが納得いかず、カード占いを行っていました。

それが、起業塾の中で、成功者の研究と言われる統計心理学を学んで、びっくりしたそうです。まず自分が、結果重視グループ・我が道さん（001）だと知り、本当にそうだと思ったとか。我が道さん（001）は、「他人と同じようにしようとは思わない精神性に特徴がある」「独自性があり、オンリーワンでナンバーワンを目指す」人であり、「変わっている」という言葉が褒め言葉。

堀江さんは今まで、人と同じことをしたくないと、尖ったことばかりしてきたタイプ。自分のことを言い当てられて、「変わっているままでいい」と言われて嬉しくなり、「統計心理学は信頼できる」と思ったそうです。

◉自分のタイプを知ったことで、お客様層がガラリと変わった

また、我が道さん（001）は、近未来（２～３年先）のことを考えるのが好きで、頭が働くタイプです。

占い師を始めた時、堀江さんは病んでいる人を助けたい、しんどい人を助けたいと思っていたようですが、それは向いてないと気づきました。

未来に意識が向く結果重視タイプなので、「頭をなでて癒してほしい」と望むお客様ではなく、「明るい未来をつくろ

う」「具体的な結果をつくりたい」というお客様のほうがお役に立てると思い、お客様層をシフトしました。近未来を見通したセッションができ、お客様も自分も満足度が高まりました。

◉子育て中でも、自宅で稼ぎたいママの救世主になった

そして、こんなやり取りもありました。

私が「４人のお子さんがいて、家からは出られないのに、それでも好きなことで稼いでいる。それが社会に夢を与えるよ。パート以上正社員以下の報酬を望む子育て中のママたちの救世主になりなさい」とアドバイスしたら、堀江さんは、「自分が学びに行かせてもらっている最中で、起業なんて教えられません！」と大否定…。

「ゼロから10万円を稼ぐことはできたでしょ。起業塾で学んでいる基礎を教えるだけで、ママさんたちができるようになるから大丈夫。そんなこと誰もやっていないよ」と我が道さん（001）に響く言葉で背中を押すと、「誰もやっていないならやってみます！」と我が道さん（001）ならではの回答でした（笑）。

実際に始めてみると、子育て中で事業初心者のママたちが、

ゼロから始めて、5万円、10万円の商品をつくっていったり、実際に稼げたりして、喜んでもらうことができました。

鈴木のコメント

堀江さんも自分の頭が働くところを見つけ、自分を認めたら、勝手に動き出せました。お客様層や仕事内容が変わりましたが、結果的に多くの人を喜ばせ、役立っています。

タイプをわかっている人が「あなたは、こっちに行ったらいいよ」と言ってあげることも大事ですね。

＼ 結果重視グループ ／

我が道さん（001）

CASE11

夫婦のコミュニケーションが劇的に改善！小学生の息子も「相手の価値観に合わせると揉め事を解決できる」と大人の考えになった

前田 伊織（まえだ いおり）さん
起業コンサルタント

◉自分のタイプを知ったことで、迷いがなくなった

前田伊織さんは統計心理学を学んで、自分のタイプが結果重視グループ・我が道さん（001）だと知った時、あまりにも当てはまりすぎて、うなずいてばかりいたそうです。

我が道さん（001）は、「独自性が好き」「他の人と同じでは嫌だ」「変わっているねと言われるのが、最高の褒め言葉」など、本当にその通りでした。なぜ、他の人はそう思わないのか？　と不思議に思っていたほどです。自分とは違うタイプの人がいるということを知り、人間関係の謎が解けて、とてもすっきりし、許容範囲が広がったのを感じたそうです。

自分の本質や目的がわかったことで、方向性が見え、迷いなく進めるようになりました。

前田さんの仕事は、起業する人をサポートするコンサルティングですが、統計心理学を活用して「その人が心地よい仕事の仕方」「持っている才能が開花しやすい仕事の仕方」を伝え、クライアントさんの成果につなげているそうです。

◉いちばん変わったのは夫婦関係！

ご主人の前田イソジロウさん（CASE9）も、伊織さんの後に統計心理学を学び、結果重視グループの計画さん（125）だと知りました。何事もきちんと調べて、慎重に進めていくタイプです。最初は「全然、当てはまってない」と思ったそうです。ですが、それは会社員時代、無難な道を選んでいたことで本質が出ておらず、才能が活かされていなかったから。

自分の本質を活かそうとチャレンジし始めたら、ドンピシャで当てはまるようになりました。

自分のタイプを知ることでいちばん変わったのは夫婦関係。未来志向で落とし穴など気にせずどんどん進んでいく伊織さんと、どこに落とし穴があるかを調べ、その穴を埋めながら進むイソジロウさん。真逆の性格ですが、結果重視という点では一致しているから、パートナーシップがうまくいくようになりました。

◉息子さんへの理解も深まり、接し方も変わった

伊織さんとイソジロウさんの息子さんは、人柄重視グループ・客観視さん（025）です。人柄重視グループは人を大事にする、プロセスを大事にするタイプ。結果重視グループの伊織さん、イソジロウさんの価値観で褒めることは止め、人やプロセスを大切にした褒め方・育て方をし、よく話を聞くようにしたそうです。

そうすることで息子さんも喜びながら、成長しているそうです。

また、当時、小学校４年生だった息子さんが統計心理学に興味を持ち、学び始めたところ、講座の翌日には学校の先生や友達の生年月日を聞き出してきたそう。

息子さんに統計心理学を学んでよかったところを聞いてみると「自分と友達の価値観が違うと認識できたし、友達の価値観がわかっているから、物事がスムーズに動く」「学校

で係の仕事をする時に、たまに揉めることがあるけれど、相手の価値観を尊重することで、相手と自分の意見を合体して、揉め事を解決できることもある」と答えてくれました。

小学生とは思えない、大人の考え方ができていることが驚きです。

「友達をつくる時にも、統計心理学を知っていれば簡単につくれます」と勧めてくれました。

鈴木のコメント

前田さん一家は、ご家族全員が統計心理学を学ぶことで、家族も、仕事も、パートナーシップも全てうまく回るようになった好例です。

家族はいちばん近い存在だからこそ甘えが出てしまって、うまくやるのは難しいものですが、家族同士でお互いに理解し合おうという雰囲気が生まれています。

また、共通言語ができるので、話が早く、一体感も生まれます。統計心理学を学ぶことで、人への興味が湧いてきて、コミュニケーションがよくなります。統計心理学は他人とわかり合う、助け合う学問なのです。

＼ 結果重視グループ ／

バランスさん（555）

CASE12

元女優が、統計心理学で才能を知って、世の中にない仕事を創り出せた！

三品佳代（みしなかよ）さん
セミナープロデューサー

◉コミュニケーションがうまくとれない経験から、統計心理学に興味を持つ

三品さんの肩書はセミナープロデューサー。セミナープロデューサーって何ですか？　と思うかもしれませんが、それもそのはず、三品さん用に私が新しく創り出した仕事です。

セミナー講師のセミナーを企画し、チームをつくって、マニュアルづくり、係の設定、当日の運営まで携わり、セミナーを成功に導きます。

今までにないこの仕事を創り出せたのは、統計心理学がきっかけです。

元々、三品さんは吉本興業所属の女優でしたが、転身し、メイクセラピー（お化粧療法）の先生をしていました。ですが、お客様とうまく関係性を築けないという悩みがありました。そんな折、私が運営している起業塾で、「鈴木さんが塾生の才能に合わせてコミュニケーションをとっており、同じことを伝えるのにも、言い方やアプローチの仕方を変えている」という話を聞いたそうです。

「本当にそんなことがあるの？」と不思議に思い、統計心理学に興味が出たことが始まりでした。

◉自分のタイプを知ることで欠点もわかった。そして、コンプレックスが才能?!

三品さんは結果重視グループ・バランスさん（555）です。

自分のタイプがわかった時、自分の欠点や、他の人と違うためにコンプレックスに感じていたことが才能だったとわかりました。

「自分の思い込みで周りを推し量る傾向がある」ことがバランスさん（555）の性格。

三品さんは言われたことを、脳内ですぐに自分の言葉に変換してしまう癖がありました。

私からの話も、そのまま受け止めずに自分なりに腑に落としてしまいます。

「先生、こう言っていましたよね」

「そんなこと、誰も言っていないですよ。なぜ、そんな話になっているの？」

こんな会話が多かったです。

三品さんは、過去にもそう指摘されることが多かったそう。

ですが、「バランスさん（555）の性格だからか！」と理解したことで、それ以来、他人の話を一言一句、聞き洩らさないようにメモを取る癖をつけました。

話をまず、そのまま受け止め、そして、そのまま伝えるという訓練をしたのです。

すると、まず周囲の反応が変わりました。次に、ボキャブラリーが増えたことで、伝えたいことがストレートに言えるようになったそうです。

◉今まで抑えていたことを全部解放したら、仕事につながった

バランスさん（555）は、言葉は悪いですが器用貧乏で、

何でも80点が取れる人。バランス感覚があり、いろいろなものに目を光らせて、どんなこともそこそこ形にするのがうまい。また、自分が当たり前にできることは、みんなも同じようにできると思うタイプです。

三品さんもまさにその典型。劇団では女優として自分の役を演じるだけでなく、業務の割り振り、マニュアル作成、スケジュール管理など何から何までやらないといけなかったのですが、すべてソツなくこなしていました。

一方、周囲の人に対して「なぜ、同じようにできないの？」という葛藤がありつつ、マルチプレーヤーの自分がダメだと思っていました。

ですが、これこそ自分の才能だと気づけたのです。

その後、私のセミナー運営を手伝ってもらったのですが、誰も何も言わないのに、セミナーのマニュアルをどんどんつくっていき、この係の人はこれとこれをやると決めていきました。どんな人でも、担当業務をこなせるようにするのが抜群にうまかった！　そこからセミナープロデュースという仕事が生まれました。

鈴木のコメント

三品さんも自分でダメだと思っていたことが才能だと気づき、それを活用して仕事ができるようになった方です。
本人は「何の努力も、変わったことも、特別なこともしているつもりはない」と言うのですが、多くの人は同じようにはできません。
統計心理学を学んで、周囲の仲間からの言葉で気づかせてもらうことも多く、そういう言葉を受け容れていったことで、自分はこれでいいんだと許可が出せたことが大きかったのでしょうね。

＼ 結果重視グループ ／

バランスさん（555）

CASE13

統計心理学をスポーツ指導に活用。選手の個性を見抜き、大学チームを優勝にまで導く

佐藤崇行（さとうたかゆき）さん
バスケットボールコーチ、
元日本リーグ選手・監督

◉統計心理学を学びコミュ力アップ！効率的な指導ができるように

佐藤さんはバスケットボールの元日本リーグ選手。現役引退後は日本リーグ監督や実業団、大学チームのコーチなどを務めていました。現在は日本バスケットボール協会公認のコーチライセンス取得希望者に向けた指導を行っています。

佐藤さんは統計心理学を知った当初について、「目から鱗（うろこ）だった」と言います。佐藤さんは結果重視グループ・バランスさん（555）。「統計心理学を学びコミュニケーションの質が上がり、効率的な指導ができるようになった」と明かします。

◉選手の個性を見抜き理想の試合展開に。キーマンをチーム全員でサポート

統計心理学の知識をチーム運営に活用した佐藤さんは、監督を務めた大学チームを第54回関東大学バスケットボール選手権大会で優勝にまで導きます。

当時のチームメンバーは、先発５人のうち４人が結果重視グループで、１人が人柄重視グループのY.T.さん（段取りさん012）でした。「このY.T.さんをうまく活かすことが大事でした。チームにとって試合運びを左右するキーマンだった」と言います。

キーマンとなるY.T.さんの滑り出しが良いと試合展開もよくなる反面、出だしでつまずくと後まで尾を引いたそう。そのため、できる限り試合最初のゴールはY.T.さんに気持ち良くシュートを決めてもらえるように采配したと言います。他の４人は佐藤さんが意図する試合展開を理解し、Y.T.さんをサポートしました。また１人だけ特別扱いにならないように、全員とのコミュニケーションのとり方を変えていったそうです。こうして全体像を把握してバランスをとっていくところが、バランスさん（555）の特徴です。

◉相手によって声かけの仕方を変え、チームも本人も嬉しい結果に！

普段の練習でも統計心理学を使って選手を指導しました。「同じ結果重視グループの4人とは自分の言葉で話しても通じるが、Y.T.さんはそうではない。チームで1人だけ人柄重視グループ・段取りさん（012）だったので、フラストレーションを感じているだろうと思った」と振り返ります。人柄重視グループは結論を求める会話ではなく、話を聞いて受け止めてもらいたいタイプ。結果重視グループ・バランスさん（555）は、人のしぐさや癖を見抜くのが得意なため、練習終わりの様子を注意深く観察していたそうです。落ち込んでいたりストレスをためていたりする様子が見えたら、さりげなく声をかけて話を聞くようにしました。

「そんな推測ができたのも、統計心理学を知っていたから」と言う佐藤さん。Y.T.さんはストレスがうまく解消できたためか、以前より積極的に、かつ自信を持ってシュートが打てるように変化したそうです。「もともと才能ある選手。どんどんシュートを打つことで好循環が生まれ、大会の３ポイント王のタイトルも獲得し、本人もチームも嬉しい結果になった」と話します。

「選手によって話し方・聞き方・褒め方・叱り方を変えた」と言う佐藤さん。統計心理学を学ぶことで、相手に合わせたコミュニケーションがとれるようになったそうです。統計心理学の知識を選手の才能を引き出す力につなげ、チームを優勝にまで導きました。

鈴木のコメント

佐藤さんは早稲田大学出身ですが、法政大学のチームの監督をしていました。実は、東京六大学チームで出身校と違う大学で指導するのは珍しいケース。体育会のカルチャーが違うため指導は難しいのですが、佐藤さんは統計心理学を活かして選手の個性を把握。見事優勝を果たしました。

＼ 直感重視グループ ／

チャレンジさん（888）

CASE14

看護師・看護学校教諭から一転して、能力開発コンサルタントとして独立起業！

児玉（こだま） ゆかりさん
能力開発コンサルタント

◉看護学校教諭の仕事では、看護師以外の道を勧めることができず、不自由だった

児玉さんは元看護師で、看護学校で先生をしていました。学生から相談を受けた際、「私は看護師に向いていますか？」と聞かれ、この人は看護師ではなく、他のことのほうが伸びるんじゃないかと思い、正直に答えました。すると、上司から「あなたの仕事に関係ないことです」と叱責（しっせき）されました。

看護学校でこれができないなら、他のところでできないだろうかと考え、副業で占い師を始めました。その後、統計心理学を知り、もっと違う角度で仕事を始めたいと考え、能力開発コンサルタントになりました。

◉「統計心理学は自分のことがよくわかるようになり、人のためにもなる」

きっかけは、尊敬する人から「統計心理学だと、自分のことがよくわかるようになり、人のためにもなる」と言われたこと。まずは、自分を調べると、直感重視グループ・チャレンジさん（888）とわかり、意外に感じました。

自分は直感的ではないと思っていたからです。それが強みなら自信がつくと思いました。また、児玉さんはチャレンジャーではあるが、チャレンジして成功体験がないまま、同じ失敗パターンを繰り返していました。

いちばん大きい変化は、数字に対する思い込みが外れたこと。チャレンジさん（888）は「数字に強い」のが特徴です。児玉さん自身は、数字が苦手だと思っていました。ですが、「私、数字が苦手じゃないから、やれる！」と毎日、自分に言い聞かせると、数字上のミスがなくなったのです。

振り返ると、数字に関する習い事ばかりをしていたことに気づきました。占い、そろばん、生年月日をもとにする占い、数霊（かずたま・数に宿る不思議な力のこと）も学んでいました。

それによって、数字が苦手じゃないと自信がつき、起業の不安が減りました。

◉看護師時代も、この感覚を知っていれば
もっといい影響を与えられた

今は、直感とチャレンジ精神を活かして、能力開発コンサルタントの仕事をしています。

クライアントさんがどう生きてきたかの経歴や経験を聞いた時に、この先、この人の経験をどんな風に活かしていけるのか？　起業していけるのか？　などアイデアが浮かびます。

また、多くの人から、「児玉さんのいちばんすごいのは、挑戦できることですよね」「何度でも挑戦し続けられるところが素晴らしいです」と言われることも増えました。行動しないと状態が悪くなり、動くことで自分らしさが発揮できるタイプとわかり、今は「攻めてナンボ」と行動し続けています。

看護師時代も、こういう強みを知っていれば、もっといい影響を周囲の人に与えられたのにと思うそうです。

鈴木のコメント

児玉さんのいちばんの能力は「行動力」。ちょっと教えると、サッと動いて結果を出してきます。
ただ、児玉さんと違って世の中の人は行動が遅いもの。「どうしたら行動してくれるのだろう？」「どうしたら変わってもらえるか」と考えて、統計心理学を学び直し、才能を活かして結果に導く方法を習得しました。

＼ 直感重視グループ ／

チャレンジさん（888）

CASE15

統計心理学を学ぶことで SNSの活用方法が変わり、少ない手間で効率よく売れる店になった

中村（なかむら） みどりさん
セレクトショップ経営

◉お客様へのアプローチ方法を知りたくて、統計心理学を学び始めた

中村さんは熊本で20年にわたりセレクトショップを経営しているオーナー。婦人服、靴、小物などを販売しています。お客様への対応で、アプローチをかける時の言葉などを知りたいと思い、統計心理学を学び始めました。

中村さんは直感重視グループ・チャレンジさん（888）でした。特徴は「やりたいことしかやらない」「人を巻き込むことがうまい」「行動力がある」こと。まず、中村さんはこの３つを使って自分のスタイルをつくり、販売方法がブレないようにしました。

◉お客様のタイプに合わせて声かけを変えることで、売れる確率がアップ

次に、今まで感覚でやっていたお客様対応を整理しました。

お客様のタイプを調べ、どのタイプの人がまとめ買いするのか、どのタイプの人にどういう言葉が響くかなど、人柄重視、結果重視、直感重視と、この３つのグループに分けて、お客様分析をしたのです。

人柄重視グループには「あなただけ」「あなたに」という寄り添う言葉が響き、結果重視グループには「セール」という言葉が響き、直感重視グループには「最高！」「似合ってる‼」という言葉が響きました。

次に、お客様の中には１回だけ来店した人、リピーター、優良顧客（ＶＩＰ）がいますが、優良顧客をどれだけ増やすかに工夫をこらしました。

例えば、結果重視グループ・計画さん（125）の人は優良

顧客が多く、トータルで服を買うタイプです。付加価値やサービスを付けるとすごく喜んでくれます。

また、新規のお客様には、来店時の声のかけ方を工夫しました。

さらに、仕入れの際にもお客様の好みを知っているために、お客様が買わない商品を仕入れることが減り、コスト削減にもなりました。

◉ＳＮＳも書き方を工夫することで、ゴソッと注文が入るようになった

ブログ、ホームページの文章、ＳＮＳなど、それぞれタイプによって響く言葉が違います。ほぼ毎日更新しているブログは、同じ商品でもタイプに合わせて文章を変えて書きました。その工夫が功を奏し、予約が入ったり、お問い合わせが来るなど、売れる確率が上がりました。

なんと、ブログをアップさえしていれば、まるごとゴソッと注文が入るようになったのです。ブログを書いていれば、１週間、海外に行っていても売上げは上がる…そんな安心を得られるようになりました。

当時、このような売り方をしているセレクトショップはな

く、普通のショップよりも労力は少ないけれど、高確率で売れる店になったのです。

鈴木のコメント

中村さんはお客様の好みや買っているものをよく覚えているオーナーでした。そこでさらに、お客様のタイプを知り、分析することで、よりお客様の心に響く声かけやブログ記事作成ができるようになりました。
統計心理学により、自分のビジネススタイルが確立できたことが、大きな成果です。
中村さんは一度、体調を崩したことがあります。1カ月くらい店を不在にしました。普通なら店をたたむことを考えるケースですが、彼女は自分のやり方が確立できていたので不在の1カ月間、病院で毎日ブログを更新、売上げを落とさずに済みました。

＼ 直感重視グループ ／

専門家さん（024）

CASE16

公務員だった私が、自分に自信が持て、本当にやりたいことで独立起業できた！

ひらはた あさひ
平畑 旭さん
幼児教室の経営

◉自分の才能を知って「自分の欠点が才能?!」と大ショック

平畑さんは元々公務員の保育士で、才能や個性に興味を持っていました。ですが、実際の保育現場は「みんな違っていい」と言われながらもそうではなく、モヤモヤした気持ちを抱いていたそうです。

そんな中、統計心理学を使って自分の才能を知る機会があり、調べてみると、自分のタイプは直感重視グループ・専門家さん

（024）で、「人マネをする」「オリジナルが出せない」こと。

これに衝撃を受けたそうです。

なぜなら、才能だと言われたことは、自分が日頃から嫌だなと思っていた点だったからです。平畑さん自身は、オリジナルを出したいと思っていたので、まったくプラスには思えずがっかりしました。

◉嫌だと思っていることは、他の人ができないことだった

ですが、才能とは、自分が当たり前にやっていること、意識せずにできていることです。

そう伝えると、「自分が嫌だと思っていたことは、他の人ができないことなんだ！」とハッと気づいたようです。

そう捉えることができた瞬間に、価値観が180度変わり、行動も変わりました。

◉「みんな違っていい」を体現した、子ども教育のビジネスをスタート

「人マネ」という言葉はよく聞こえないかもしれませんが、言い換えれば良いものを見たら、それを自分らしく再現できるということ。

平畑さんは幼児教育をしている会社で、お手本となる素晴らしい仕事をしている保育園に、お手伝いに行きました。

手伝っているうちに「あぁ、こうすればいいんだ」と理解でき、その後、オリジナルの幼児教室、子ども料理教室を立ち上げて、ビジネスを始めることができました。

今では「みんな違っていい」を言葉通りに行える教育ができていて、毎日イキイキと過ごしています。

鈴木のコメント

平畑さんは、自分の才能をネガティブに捉えていた典型的なケースです。

「人マネ」「不安が強い」性格がダメだと思い込み、嫌っていました。ですが、「才能とはポジティブやネガティブで捉えることではない」と気づき、不安が解消！才能の強みを見て、安心して起業の道を進んでいけました。

人と違う点が良さなのに、ダメだと思ってつぶされてしまう人が多いのですが、平畑さんは上手に乗り越えられました。

＼ 直感重視グループ ／

専門家さん（024）

CASE17

統計心理学を活用したら、生徒さんの能力がメキメキと伸び始めた！

山田 和子（やまだ かずこ）さん
ピアノ指導法
コンサルタント

◉「直感なんてない私が、直感タイプ？」初めは半信半疑だった

ピアノ教室で子どもさんにピアノを教えている山田さんのところには、どんどんうまくなる生徒さんと、「この子は何を考えているんだろう？」と思うくらいレッスンが進まない生徒さんがいました。

同じ教え方をしているのに、何が違うのだろうか？　と興味を持ち、統計心理学を学び始めました。

山田さんは、自分のタイプが直感重視グループ・専門家さん（024）と知り、「私が直感タイプ？」とびっくりしたそうです。子どもの頃から頭が固い、直感がないと思い込んでいたからです。そして、専門家さん（024）は、「改善点を見つけ自分流にアレンジしていく」という才能があると知り、確かに振り返ってみると、仕事面ではアイデアが湧くことが多く、人に対して、「もっとここをこのようにしては？」とアドバイスをしていたそうです。

ゼロから生み出すことはできないのですが、アレンジすることは得意だと気づき、その才能をもっと活かそうと思いました。

◉生徒さんへの教え方を変えたら、ヤル気を出してくれるように大変化！

一般的にピアノレッスンは、生徒さんそれぞれが目的を持ち、コツコツ頑張って練習をするというのが主流です。山田さんも「頑張り表」というシートをつくり、できたらシールを貼るという管理法を全員に行っていましたが、いちばん最初に飽きてしまったのは、なんと山田さん自身でした。「頑張り表」をチェックすることが面倒くさかったのです。

統計心理学を知ってからは、生徒さんの生年月日からタイプを知り、そのタイプに合ったレッスン法に変えました。

すると、生徒さんたちのヤル気が大変化！

山田さんと同じ直感重視グループの生徒さんには、１週間、自分で工夫する楽しさを大事にすると、前向きに取り組んでくれました。無理にピアノの練習をさせずに、したいことをどんどんしてもらうと、逆にピアノがうまくなるのです。「絵を描きたい」と言われれば、絵を描いてもらって、そこから発想を膨らませて「これは、どうなっていくの？」と質問して、さらに興味を湧かせます。「これはピアノで弾くとどんな感じになる？」と聞くと、ピアノを弾きたくなるというわけです。

人柄重視グループの生徒さんは、自分よりも他人が大事だったりするので、お母様、おばあちゃまの話を会話に出して、「お母様も、きっと喜ぶよね。先生も嬉しいわ」と言うとヤル気が出ました。

結果重視グループの生徒さんには、その生徒さんなりの目標をあげてもらい、その目標に向かって練習をしてもらいます。また、毎回のレッスンの現場で達成感を感じられる機会を多くつくります。

このように相手に合わせて対応を変えることで、信頼関係が構築され、さらに生徒さんのヤル気が引き出されたのです。

◉本当に信頼し合える人間関係がつくれるようになった

ピアノレッスンで成果が上がることで、生徒さんのお母様たちから親子関係の相談を受けるようにもなりました。お母様の生年月日からタイプを調べて、接し方を伝えたこともあります。

お母様たちとも深く関わることができ、お互いに本当に信頼し合える関係になったこともよかったです。

鈴木のコメント

山田さんは、統計心理学を生徒さんに応用したことで大きく成果を出しています。
以前は、人を見るポイントがわからなかったそうですが、統計心理学を知ることで、「こういうタイプの人がいるんだ」と人間理解も深まったそうです。「この子はわからない」と切り捨てず、「こういう子がいるんだ」と思うことで関わり方が深くなった好例です。

＼ 直感重視グループ ／

自由さん（000）

CASE18

「お客様に似合う服と、明るい未来がイメージとして見える」という才能が開花！唯一無二のイメージコンサルタントに

富士野 知子（ふじの ともこ）さん
イメージコンサルタント

◉まず、タイプによって陥りがちなマイナス点を知ること

イメージコンサルタントとは、クライアントさんの見た目（ファッション、ヘアメイク、アクセサリーなど）をイメージアップさせる仕事です。富士野さんは25年間、事務職として会社勤めしていた後にイメージコンサルタントとして起業した方です。

私の起業塾に通っている中で、統計心理学を学び、直感重視グループ・自由さん（000）だと知りました。

私は、「イメージコンサルタントという仕事にうぬぼれていないか？　お客様の話、お客様の声を聞きなさい。それを聞かずにうぬぼれていると失敗するよ」と言っていましたが、それは富士野さんが直感重視グループ・自由さん（000）だったからです。

というのも、自由さん（000）には、「人の言葉に敏感だが、最後まで話を聞かない」「人の話を『わかった』と言って、後で平気で聞いていないと言う」「自分の思い込みで何でも決め、間違えてもフェードアウト」という特徴があるからです。

◉相手の話を聞くと、その人に似合う服と明るい未来がイメージとして見えた！

その一方で、自由さん（000）の特徴として「鋭い直感とヒラメキ」「お客様の好みがどこにあるかを察知して、その好みに合ったものをつくり出す」があります。

富士野さんはクライアントさんと話していると、その人に似合う服が見えたり、「こうなったらいいのでは？」と明るい未来が、感覚的に像（イメージ）として浮かぶ方でした。

クライアントさんが言葉にできないことを言葉にしてあげたり、道筋を立てて、未来につなげる才能を持っていたのです。

一般的なイメージコンサルタントは、習ったことを使いながら、おしゃれな服やメイクをクライアントさんに教えるなど、自分の感覚とセンスを売っています。

ですが、富士野さんの場合は、まずクライアントさんの話を聞き、話を聞くと勝手にイメージが湧き、世の中の移り変わりと、お客様の好みや理想の未来に合わせてアドバイスができる…など、自分の才能を使ったコンサルティングができるのです。

つまり、ファッションの力を使って、クライアントさんを夢が叶えられる人にする、その人の明るい未来に連れていくことができる方でした。

富士野さん自身、イメージが湧いて、頭が働き出すと人の話が耳に入ってこなくなることから、今まで「人の話を聞いていないように見える時がある」とよく言われていました。ですが、「イメージが湧く」という良い面を活かすことができ、仕事がより楽しくなったそうです。

◉才能を活かしたアドバイスで、
否定的だった友人がリピーターに！

また、「複雑な問題を提示されても、瞬く間にポイントを捉えるのがうまい」という特徴も持っています。富士野さんはクライアントさんの悩みが２～３つ絡まっている場合でも、ポイントを掴み、「ここをこうしたらいいんじゃない？」「こっちはこうする、こっちはこう直す」と言える才能がありました。

ファッションコーディネートをアドバイスする際も、「ピアスをこれに替えるだけで全然変わる」「このスカートをこっちにすると全体がすごくアップする」とポイントを押さえて伝えられるのです。

富士野さんは、想像力と複雑な問題を捉える力の両方を活用しています。

こうして他にはない唯一無二のイメージコンサルタントとなり、「お金を払って、服を選ぶのを依頼する人がいるの？」と否定気味だった友人が、なんと富士野さんのサービスを多くリピートしてくれているそうです。

鈴木のコメント

富士野さんは「話を聞かない」という欠点よりも、「鋭い直感」「お客様の好みを察知する」という良い面を才能として活かしている専門家です。
各タイプの特徴には良い面も悪い面もあります。肝は悪い面を嫌がらずに、成功者のパターンをマネすること。すると、他にはないビジネスがつくれます。

＼ 直感重視グループ ／

自由さん（000）

CASE19

子どもさんとの信頼関係構築の時間が、劇的に短縮できた！3回会えば、信頼されるようになった

田澤 純子（たざわ じゅんこ）さん
右脳と左脳と才能を伸ばす幼児教室経営

◉自分のタイプを知り、「自分自身が自分のことをよくわかっていなかった！」と衝撃を受けた

田澤さんは自分のタイプが直感重視グループ・自由さん（000）だと知った時、「なんだ、これは！」と大きな衝撃を受けたそうです。

ご主人から、いつも「話していて、主語がなくなる」「買物に一緒に行って、振り返るとすぐにいなくなるのはやめて」「すごく忘れっぽい」と言われていたのですが、そのことが全部載っていたのです。

「自分自身が自分のことを、よくわかっていなかった」と気づきました。

しかも、それは才能であると書かれており、それは仕方がないんだなと新たな視点をもらったそうです。

そして、自分のことがわかったのと同時に、周りも見え始めました。私と人とはこんな風に違うのだとわかり始めたのです。

◉５～６カ月かかっていた子どもさんとの信頼関係構築が、３回でできるようになった！

田澤さんは、当時「お子さんの一時預かり」をしていました。ですので、すぐに子どもさんたちに目が向きました。

以前、15年ほど幼稚園教諭をしていた時、クラスで毎日会っているのに、信頼関係を築くのに５～６カ月かかっていました。子どもさんは思うように自分の気持ちを話せないため、あの手この手でアプローチをしていき、「この子は何を考えているのかな？」「どんな言葉が響くのかな？」「何に興味があるんだろう？」と考えていたそうです。

統計心理学を知り「これでゴールが近くなる！　子どもさ

んたちとの信頼関係を築くのに、いちばん早いツールだ」と思い、子どもさんたちの姿を見ながら、言葉かけを変えました。すると、信頼関係を築ける時間が短縮されたそうです。

その後、幼児教室（0～6歳の幼児と小学生クラス）を開催し、子どもさんの右脳と左脳と才能を伸ばす仕事を始めました。

幼稚園では1日5時間ほど5～6カ月過ごしてきて、子どもさんのことがやっとわかり、信頼も構築できました。今の幼児教室では、統計心理学で出した結果をもとに、1時間15分のレッスンを3回行うと、子どもさんの性格や傾向が見えてくるそうです。

◉子どもさんのタイプを伝えることで、お母様もホッとしている

また、「子どもが今、何を考えているのかわからない」というお母様に対しては、お母様のタイプを調べ、お母様の声かけを見ながら「お子さんには、この言葉をかけるとヤル気になりますよ」と伝えます。

すると、実際にやってくれて、「先生、本当に動きました！」と報告してくれるそうです。

また、お母様が子どもさんに求めていることと、子どもさんが本当にやりたいことが違っている場合があります。

みんなと一緒に行動しない子どものことを気にしていたお母様は、最初は協調性がないと嘆いていたのですが、その子の「じっくりやる」という良さをしっかりと伝えると、「あ、じっくりやる、これでいいんだ。人と違っていてもいいんだ」と安心してくれました。

みんなの中に入っていけない子どもさんの場合も、お母様は「みんなと一緒にやらせたいのに、うちの子は挑戦しないんです」と言われることも。

「挑戦しないのではなく、研究しているんですよ。他の子をよく見ています。むしろ、他の子への教え方が上手ですよ」と良さをお伝えします。

「あぁ、この子はこれでいいんだ」「この子はこの子で学んでいるんだ」と気にならなくなり、むしろ楽しみになってくると言ってくれました。

そういうコミュニケーションをお母様たちととりながら、子どもさんとお母様両方の才能を伸ばしていくのを目標に仕事をしているそうです。

鈴木のコメント

統計心理学は、「みんな違っていい」を地でやっている学問ですが、田澤さんは幼児教育の現場で、子どもさんと保護者に対して行っています。
田澤さんの直感重視グループ・自由さん（000）のいちばんの能力は、「やったことがないのに、想像がついたらできる気になること」。
田澤さんは、子どもさんの個性や「楽しいもの」「夢中になるもの」を見つけられるので、それを高い基準に持っていくようになるでしょう。

＼ 直感重視グループ ／

カンペキさん（100）

CASE20

お客様１人ひとりに「この人にとって何がいちばんいい？」と考え、ベストの方法を提案できるようになった

紅田（べにた） 田希子（たけこ）さん
お腹下半身ダイエット専門コーチ

◉ダイエットという仕事は、短い期間で結果を出さないといけない…

紅田さんはお腹下半身ダイエット専門のコーチで、３カ月で身体を変える仕事です。

今までダイエットを失敗してきたお客様の場合、まず、カウンセリングにより、失敗の問題点を聞き、なぜうまくいかなかったかを考えながらプログラムを組みます。ストレッチや呼吸法を取り入れて、身体のゆがみを整えるなど、いくつかの方法を組み合わせます。

コーチとしての課題は、短い期間で結果を出すために、お客様のモチベーションをいかに上げていくかということ。

コミュニケーションが重要な要素だと気づき、統計心理学を知ることで、人とのコミュニケーションがうまくいくのではないか？　と思いました。

◉完璧主義でギブアップができないのが強みと知って、活かしたら結果が変わり始めた

紅田さんは自分が直感重視グループ・カンペキさん（100）だと知りました。「完璧主義」「ギブアップができない」「弱みを見せない」などの特徴があります。よく言えば、努力を惜しまない人ですが、間違っていてもなかなか訂正できない頑固さは思い込みの強さにもつながります。そういった性格はなかなか受け容れられないもの。

ですが、統計心理学を学び、「当たっているかも？」と自分を受け容れられるようになり、うまくいかなかった時の気持ちの組み立て方もわかりました。

また、アウトサイドが結果重視グループ・我が道さん（001）であり、オンリーワンでナンバーワンになるために努

力を惜しまず、１つのことを一直線にとことんやる性格です。

◉タイプによって方法を変えることで、モチベーションが変わってくる

ダイエットのお客様は１人ひとりタイプが違い、モチベーションやあり方も違います。そのお客様にとっていちばんいい方法を突き詰めていくことにしました。

例えば、「こうなりたい」という目標を立ててもらい、最後の最後で追い込みをかける際、最後の声かけをタイプによって変えました。厳しい言葉が必要な人には厳しく伝え、そうしないほうがよい人には励ます言葉をかけることで、「今だ！」と思った時に、お客様がパッと走れるようになったそうです。

お客様のことを深く理解し、「この人にとって何がいちばんいいのかな？」と常に考え、ヤル気を上げていくのに、統計心理学が非常に役立っています。

鈴木のコメント

直感重視グループカンペキさん（100）は完璧主義。
紅田さんの場合は、「完璧」の使い方が間違っていました。
いろいろな資格を取っていて、習っていたことを完璧にやっていたのです。
それを、「お客様のための完璧」に変えたところ、結果が変わったタイプです。
「完璧主義」を自分の強みだと認識ができたことで、上手に活かせました。

おわりに

この世に生を享けた全ての人が、持って生まれた才能を活かしてみんなと助け合いながら、1人ひとりの生活を良くしていけますように。

本書を書くにあたり、こう思いました。

これまでに「才能」について書かれた本は存在しますが、どれも実践するのは難しいものばかりだと思います。
本書は、できるだけ簡単に実践できるように書きました。

自分の才能は自分だけではなかなか気づかないものです。
ですので、本書を手に取りながら、友人とカフェや居酒屋で気楽に「才能」について話せる内容の本にしたいという思いがありました。

才能とは特別秀でた能力のことではなく、誰もが持っている能力だということを理解していただきたいのです。

「才能」とは、無意識に繰り返される思考、感情、行動のパターンで何かを生み出す力です。
才能はいろいろな調べ方がありますが、持って生まれた能力は、生まれた時から持っていて、自分では気づきにくいという側面があります。
ですので、生年月日から簡単に調べて、自分で認識できる「才能」をぜひ見つけてください。

以下の順で行うのがお勧めです。

①自分の持っている「才能」に気づいたら、まず認める。
才能に意識を向けるだけで、モノの見方が変わってくることを実感することでしょう。

②自分のやり方を見つける。
自分の頭が働くところ、疲れをあまり感じずにのめり込めるもの、どんな時に自分は何に夢中になっているか？　を見つけてみてください。

③そして、自分の可能性について友人や家族と話してみる。

才能に気づいても、今と同じ結果しか出せないなら、きっと多くの人がもの足りなさを感じてしまうでしょう。他人と話すことで、新たな可能性が見出せます。

＜秀でた人が他の人たちと違う点＞

自分のやり方を見つけ、人よりもたくさんの時間を費やすことができれば、誰でも他より秀でていくことは可能です。

実は多くの秀でた方々を調べていくと、人より多くの努力をしていることがわかります。

秀でた方が他の人たちと違う点は、

- **自分に合うやり方が見つかったかどうか？**
- **夢中になれることではなく、自分の頭が働くところを夢中になってやったかどうか？**
- **自分の可能性を見つけてくれる人と出会っているかどうか？**

この３点だったのです。

そして、自分がこうなりたいと思ったことに戦略的に行動を始めたら、概ね2～3年で結果が出始めます。もう少し大きな言い方をすると、人生が変わり出します。

「実際に『才能』を活かしてどうなりたいですか？」
この質問を2008年から投げかけ、調査をしてきました。
何年たっても最も多い答えは「収入を増やしたい」です。

才能を活かすと収入がどう変わるのか？
私は2011年から日本で最初の起業塾をスタートさせ、1年間のカリキュラムをつくり、「お金を生み出す」ということについても研究してきました。

その結果、約75％の人が3年以内に売上1000万円を達成していくことができました。

私の起業塾の特徴は、お金を稼げる力を付ける大本は「愛」だと伝えていることです。人が幸せになることをいろいろな仕事を通して実現していく方法を、一緒に考えていきます。

すると、**お金だけでなく幸福度も上がるのです。**

お金のために働くと、やりたいこと以外もしなくてはならず、疲弊しやすいと思います。

ですが、**私が教える仕事の仕方は「人を幸せにすること」と「あなたの頭が働くところ、あなたのやり方でやる」です。**

ワクワクし、人から感謝され、収入も増えるやり方です。

こんな話をすると、「それはきれい事だ」とよく言われてきました。

ですが、私が直接指導する起業塾だけでなく一般企業でも、この「幸福度が高い仕事の仕方」を取り入れていただいた結果、スタッフ１人ひとりが考えて行動し、「仕事＝大変」という考え方が、「仕事＝人が喜んでくれる＝やりがい」に変わってきています。

現在の労働環境の中では長時間労働やパワハラ問題が増えているようですが、会社の発展、仲間の喜び、そしてお客様の喜びをみんなで考えていくこのやり方が、全ての問題を解決していく最良の方法だと確信しています。
　１人ひとりの才能を引き出し、頭が働くところで生産性を上げる環境を企業と一緒につくっていきたいと考えています。

　職場で、家庭で、そして日常会話の中で「才能」や「あなたの可能性」について当たり前に話す未来を願って、本書の終わりとさせていただきます。

謝辞

本書を世に出すきっかけをくださった（株）クローバー出版の小川泰史会長、そして編集を担当いただいた田谷裕章さん、小関珠緒さんに感謝いたします。本書が日の目を見ることができたのは御三方のおかげです。

本書は「才能」を活かして成功したり、幸せになった方々の生の声をインタビューしながら書かせていただきました。お時間をいただいた全ての方々にも感謝しております。

さらには2000年から私が主催するセミナーにご参加いただいた全ての方々、2011年から起業塾にご参加いただいた方々にも、この場をお借りして改めてお礼を述べたいと思います。この本は皆さんとのやり取りから生まれた「才能を活かす秘訣」をまとめた叡智の結集でもあります。

最後になりましたが、生年月日という切り口から成功者の研究をまとめ「態度類型学」という独自の理論を体系化した故長谷川博一先生と、この研究を私に継承させてくださった奥様にも改めて敬意と感謝を表したいと思います。

そして、私の最大の理解者であり、いつも才能と可能性を信じて支えてくれる、愛する妻 絵理にも感謝します。いつもありがとう。

この本が世に出ることができるのも、皆さんのおかげです。

この叡智の結集が、必要とする全ての人々の手に届きますように。

この本の印税は、質の高い教育によってすべての子どもたちが自分の可能性を最大限に発揮し、地域社会や世界に貢献できる教育活動を行っている特定非営利活動法人ルーム・トゥ・リード・ジャパンに全額寄付させていただきます。

2023年6月吉日

株式会社才能研究所
代表取締役　鈴木克彦

〈自分の才能を知る診断サイト〉

https://toukeishinrigaku.com/shindan1/

※診断サイトに関するお問い合わせは、こちらからご連絡ください。

info@saino.co.jp

装幀：宮澤来美（睦実舎）
イラスト：ちなちこりん
本文デザイン・組版：白石知美、安田浩也（システムタンク）
校正協力：永森加寿子
編集協力：武内みどり
編集：小関珠緒、田谷裕章

著者プロフィール

鈴木克彦（すずき・かつひこ）

元プロバスケットボール選手
株式会社才能研究所　代表取締役
生年月日による統計心理学　開発者

1991 年（株）熊谷組入社。天皇杯、日本リーグ優勝、二度の日本一経験を持つ。1994 年に会社のリストラによりバケットボール部が休部。休部に伴い移籍。移籍後１年で選手たちの意識改革をし、２つのチームを上位リーグへの昇格を果たした「昇格請負人」。

故長谷川博一先生から態度類型学を継承。
生年月日から「才能を見つけて活かす」第一人者であり、１人ひとりに合った成功の仕方を提案している。

2000 年から開催しているセミナーでは、3000 名を超える受講者がいる。
2011 年から日本で最初の起業塾をスタート。約 10 年間で 300 名以上の起業家を直接指導。
１人ひとりの才能を活かす起業塾では、約 75%の人が３年以内に売上 1000 万円を達成。また、起業塾卒業時（１年後）の売上げを平均 4.9 倍にしてきた。

統計心理学を始めとする独自の理論とプロスポーツ選手として培ったノウハウを駆使して、中堅中小企業から起業家に対し、コンサルティングや教育・指導を行う。
日本ではなかなか育たないスモールビジネスのリーダーを育成し、才能を活かせる組織づくりを展開中である。

株式会社才能研究所
https://saino.co.jp/

自分って何者？
誕生日から見る12タイプで長所、強み、あなたらしさがわかる!

初版1刷発行 ● 2023年6月20日

著者

鈴木 克彦

発行者

小川 泰史

発行所

株式会社Clover出版
〒101-0051 東京都千代田区神田神保町3丁目27番地8 三輪ビル5階
Tel.03(6910)0605　Fax.03(6910)0606　https://cloverpub.jp

印刷所

日経印刷株式会社

ISBN978-4-86734-153-7　C0030

本書の内容に関するお問い合わせは、info@cloverpub.jp宛にメールでお願い申し上げます